강시일 기자와 떠나는... 경주

화랑로드

2권

작가의 말

경주 힐링로드는 역사문화도시 경주에 대한 궁금증을 길 따라 풀어가는 해법서다. 경주 가서 뭘 보지? 경주에서 뭐하고 놀지? 경주 가면 뭘 먹지? 라는 물음에 대한 해답을 찾는 참고서로 추천한다.

1권에서는 대릉원과 고분공원, 첨성대 일원의 사적지를 중심으로 시가지권역과 보문관광단지 주변의 즐길거리, 경주엑스포와 민속공예촌 등의 보불로, 양남에서 감포로 이어지는 해파랑길을 소개했다.

2권에서는 천년야행과 신라달빛기행, 추억의 수학여행 등 봄부터 가을까지 이어지는 야간투어와 자전거로 돌아보는 역사문화탐방길, 무장산과 소금강산, 선도산, 단석산, 토함산 등의 국립공원지역의 역사문화를 둘러보는 코스를 소개한다.

경주지역에 대한 내용들을 일목요연하게 한 권에 소개할 수 없다는 것이 아쉽다.

삶은 여행이라는 말이 있다. 경주 여행은 역사의 흔적이 선연하게 드러나 특별한 느낌을 준다. 과거에서 미래를 설계하는 지혜를 얻는 기회가 되기를 기대하며 역사문화를 중심으로 경주를 읽어간다.
　독자들이 이 책을 통해 행복한 경주여행길을 만나기를 소망한다. 대구일보에서 2017년 7월부터 12월말까지 연재했던 '경주 힐링로드' 내용을 그대로 묶어 소개한 것이므로 독자들이 책을 만나는 시기에는 내용이 달라질 수 있다는 것을 밝혀둔다.

2018년 1월

대구일보 강시일 드림

CONTENTS

■ 신라의 달밤
한여름밤의 크리스마스 / 10
남산 달빛기행 / 19
천년야행 / 28
신라마중투어 / 37
추억의 수학여행 / 48
쉰등마을 구절초 / 57

■ 자전거로 보는 역사의 길
경주 해파랑길 / 68
물길 따라 전설 따라 / 77
신라의 흥망성쇠 / 86
김유신장군 탐방길 / 96
문무대왕로 / 105
삼국통일의 향기 / 115

■ 국립공원 탐방
무장산 연가 / 126
원조 금강산 / 135
동학이야기 / 144
화랑지구 / 154
서악지구 / 163
단석산지구 / 172
토함산지구 / 181
토함산지구 왕의 길 / 190

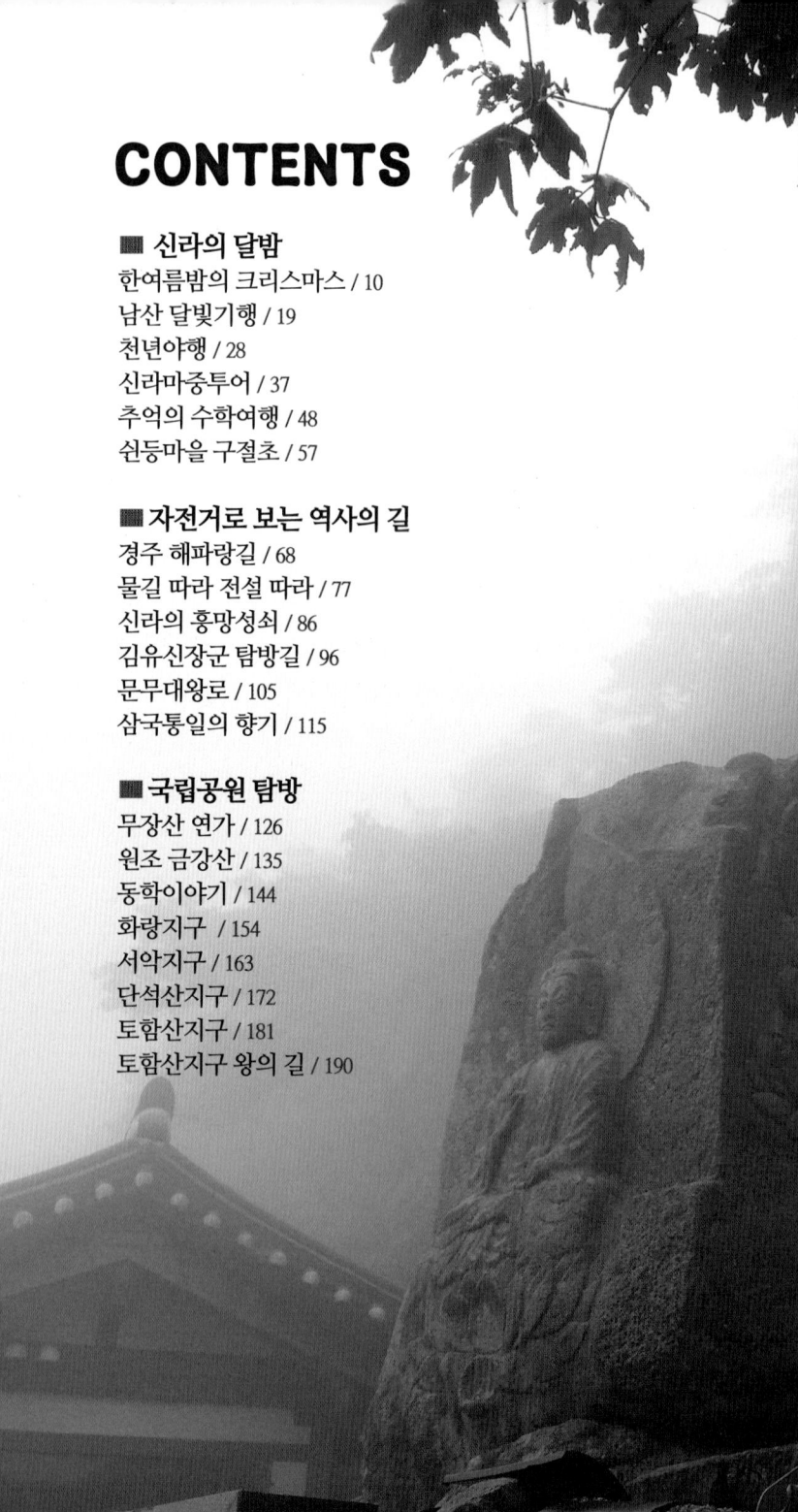

 신라의 달밤

한여름의 크리스마스
남산 달빛기행
천년야행
신라 마중 투어
추억의 수학여행
쉰등마을 구절초

첨성대

밤이면 조명을 받아 변신하는 첨성대

 ## 한여름의 크리스마스

　찜통더위가 이어지고 있다. 5월부터 일찍 찾아온 철 이른 여름이 길게 기승을 부린다. 역사문화관광도시 경주가 39.7도라는 기록적인 전국 최고 기온의 새역사를 쓰고 있다.
　그러나 어둠이 찾아오면 불 태울 듯하던 무더위는 물러나고 경주의 역사문화자산들은 조명을 받아 신비경을 연출하며 새로운 모습으로 부활한다. 첨성대는 경주를 상징하는 8색으로 변신을 시도하며 방문객들의 시선을 한몸에 모은다. 낮은 산봉우리 같은 능들은 불빛에 부드러운 능선을 고스란히 노출하며 경주 야경에 매력을 더한다. 계림도 오랜 숲의 이야기를 시원한 바람에 솔솔 풀어내며 형형색색의 절경을 선물한다.
　때 맞춰 피어나 절정을 향해 치닫는 연밭은 꽃봉오리들이 한창 열반에 들 준비를 하며 사진작가들의 모델이 되고 있다. 동궁과 월지의 야경도 이맘때 최고 절정을 선물한다. 고요한 수면에 천연색으로 대칭을 이룬 동궁의 전경은 황홀경이다.
　첨성대, 월성, 계림, 동궁과 월지, 연꽃 한창인 동부사적지의 야경은 크리스마스이브의 기분을 만끽하게 한다. 천년고도 경주가 선물하는 한여름의 크리스마스를 즐겨본다.

■ 팔색조 첨성대

어둠이 내린 도심에 불빛이 아련하게 멀리까지 번져간다. 사방으로 툭 트인 사적지 벌판에 우뚝 선 빛의 기둥. 산책을 하든 자전거 하이킹이든 한적한 드라이브를 하는 중이든 고개를 돌리면 팔색조의 빛으로 변신하며 눈길을 잡는 구조물이 있다. 경주 사적지 한가운데 자리하고 있는 첨성대다.

렌즈에 잡힌 첨성대의 야경은 신비롭다. 청색의 유려한 몸매, 진홍색으로 어둠을 밝히는 소주병 같은 첨성대. 침실에서나 만나게 될 옅은 잠옷의 실루엣은 저절로 카메라 앞에 서게 한다. 첨성대가 최근 설치된 조명을 받아 밤마다 경주를 상징하는 8가지의 색으로 시시각각 변신을 시도한다.

첨성대를 중심으로 광장과 황하코스모스단지와 연꽃밭이 넓게 조성돼 있고, 월성과 계림, 대릉원 등으로 이어지는 길이 사통팔달이다. 첨성대에서 어디로든 역사기행의 산보를 즐길 수 있다. 반대로 사방에서 첨성대의 화려한 변신을 보려는 발길이 몰려들기도 한다.

첨성대

포토존

첨성대로 접어드는 길, 계림과 월성으로 이어지는 경주 동부사적지의 산책로는 어둠이 주는 적당한 익명성이 보장된다. 첨성대를 중심으로 연결된 산책로는 한낮의 더위를 피해 신선한 공기를 즐기려는 시민들은 물론 관광객들의 발길이 줄을 잇는다. 생각하지 못했던 만남에 하이파이브와 고성의 웃음꽃이 사적지를 화사하게 꽃피우기도 한다.

첨성대 서북쪽으로 이어지는 불빛은 더욱 야하게 청사초롱을 밝힌다. 돌담길이 신라대종으로 이어지면서 양편으로 나누어 선 가로수는 길을 지키는 파수꾼이다. 옛날식 돌담을 연상시키는 굵은 돌로 쌓은 돌담이 길게 늘어서 있고 오솔길로 조성된 도심 속의 산책로를 청색과 붉은 색의 청사초롱이 간간이 매달려 야릇한 분위기를 자아낸다.

돌담길 돌아 시가지 쪽으로 걸어 나오면 큰 도로 건너편에 종각이 빛을 받아 고색창연한 아름다움을 자랑하고 있다. 규모는 작지만 웅장한 모습으로 시선을 끈다. 종각에는 신라대종이 근엄하게 자리잡고 있다. 종이 울릴 때마다 퍼지는 애절함이 심장에 파동을 일으켜 듣는 이를 빠져들게 한다.

■ 오래된 숲 계림

계림

첨성대에서 월성으로 이어지는 산책로가 조명등으로 그 실체를 드러내는 시간이면 천년의 숲이 잠에서 깨어난다. 처음부터 그러했던 것처럼 능의 옆구리도 조명을 받아 부드러운 곡선으로 관능미를 최고조로 끌어올린다.

내물왕릉과 이름 모를 고분들은 천 년 훨씬 이전부터 계림과 이웃하고 있으면서 묘한 하모니를 이룬다. 고분의 형태를 따라 번져가는 빛무리와 계림의 오래된 나무들을 비추는 조명은 을씨년스런 분위기보다 오히려 궁금증을 불러일으킨다. 고분 어딘가에서 착한 요정들이 밤마다 내려올 것 같다. 신비스런 빛으로 숲이 가볍게 흔들릴 때마다 온갖 신화들이 떠오른다.

계림 속으로 들어가면 미로 같은 오솔길이 이어져 있다. 폐부 깊숙이 들이닥치는 시원한 바람을 맞으며 별이 총총 떠다니는 여름하늘을 바라보노라면 영화 '8월의 크리스마스'가 생각난다. 크리스마스가 있는 12월에 죽음을 앞둔 주인공 한석규가 차마 고백할 수 없었던 사랑. 그의 생애 가장 아름답고 슬픈 계절 8월의 크리스마스. 주인공이 운영하는 사진관을 드나들면서 조금씩 사랑의 싹을 키우던 싱싱한 그녀. 그가 죽은 줄 모르고 문 닫힌 사진관 앞을 서성이던 그녀는 화사하게 웃는 자신의 사진이 사진관 진열장에 놓여있는 걸 보고 행복해 한다. 자신을 향한 그의 사랑을 확인한 것이다.

계림은 한꺼번에 모든 것을 보여주지 않는다. 천천히 걸어들어가야 조금씩 자신을 보여준다. 계림의 밤과 낮의 모습은 판이하게 다르다. 또 계절마다 각기 다른 옷으로 갈아입고 보는 이들을 상상 속으로 이끈다.

계림

피부에 깊은 상처를 드러내고 쓰러질 듯 겨우 버티고 있는 고목들은 오래된 시간을 더듬어보게 한다. 어느 고목이 김알지가 태어난 상자를 안고 있었을까. 미스테리를 풀어가는 탐정이 되어 나무의 이력을 하나씩 더듬어보는 것도 아주 쏠쏠한 재미다.

　계림은 70~80년대 학생들의 최고 소풍 장소였다. 또 백일장과 사생대회가 열리는 단골장소로 50~60대 중년들의 추억이 숨쉬는 곳이기도 하다. 더위에 지친 몸과 마음을 경주의 한여름 야경 속에 담고 가장 눈부시고 아름다운 오늘을 한 장의 사진으로 남겨보는 것도 큰 즐거움이겠다.

　계림의 신비스런 분위기와 팔색조로 변신을 거듭하는 첨성대를 배경으로 사진을 찍는 모습들이 밤 늦은 시간인데도 더러 눈에 띈다.

■ 연, 열반에 들다

첨성대 사적지 연꽃단지

　소란스런 시간이 빛과 함께 사라지고 어둠이 고요로 내리는 사적지. 잠든 사물들을 그대로 두고 조용히 별들을 마중이라도 하듯 조명이 일어난다. 뜨거움이 최고조에 이르는 이맘때쯤이면 동궁과 월지, 월성을 에워싸는 사적지 연밭에도 꽃 피우는 일이 한창이다. 차 경적소리는 일찌감치 멈추고 개구리 소리도 적적할 정도로 숙연해져 사방이 고요의 바다 속이다.

　연분홍 최고의 때깔로 조심조심 어둠을 밝히는 등불의 모양으로, 열반에 드는 고승의 심장처럼 연들이 꽃 피우기 삼매경에 빠져 있다. 하늘 방향으로 일제히 합장하는 모습으로 봉우리를 맺고 있는 연한 때깔의 연꽃들이 장관을 연출하고 있다. 보지 않고는 말을 말아야 된다. 멀리 은은하게 팔색으로 시시각각 변신을 시도하는 첨성대와 묘한 조화를 이룬다. 달빛이라도 쏟아지는 시간에는 그냥 황홀경이다. 청년도, 실버도 남녀노소 모든 방문객들의 마음이 차분하게 가라앉기도 하지만 한편 허방을 딛는 기분으로 붕붕 들뜨게도 한다. 역사 속으로 빠져들었다가 현실로 돌아와서 또 다른 미래를 그려보게도 한다.

경주 첨성대와 월지, 월성을 잇는 동부사적지 산책로 주변은 광활한 연꽃단지를 이루고 있다. 땡볕이 내리는 한낮은 물론 시원한 바람이 저절로 기분이 좋게 하는 야간에도 연꽃을 보려는 발길이 줄을 잇는다. 가족단위 산책, 연인들의 손잡은 아장걸음, 오래된 벗들간의 어깨동무 걸음도 곳곳에 형성된 포토존에서 저마다 순간의 역사를 만든다.

연꽃단지와 이웃해 황하코스모스단지도 황금물결을 이루고 있다. 밝은 빛이 천지에 깔리는 한낮에도 훌륭하지만 조명이 바람에 흔들리는 야간에는 특히 황금의 나라 신라를 표현이라도 하듯 황금색으로 출렁거린다. 황금색 파도는 연꽃단지와 함께 첨성대로 이어져 꽃단지에 들어서는 순간 모든 잡생각에서 멀어진다. 아름다운 장면이 힐링이 된다는 것을 실감한다.

동부사적지의 꽃단지는 경주의 역사문화도시 이름을 한층 더 돋보이게 하고 있다. 동부사적지 꽃단지는 경주시민들의 단골 마실 나들이코스이자 경주를 찾는 방문객들의 필수 코스로 자리잡아가고 있다.

계림로

메타쉐콰이어

GYEONGJU HEALING ROAD

■ 천년사직의 터 동궁과 월지

　경주 야경의 시발점은 아무래도 동궁과 월지다. 사적지 주변이 어둑해질 때쯤이면 동궁과 월지에서는 야간 탐방 프로그램이 시작된다. 동궁의 야간투어는 봄 여름 가을 겨울 할 것 없이 사계절 문전성시를 이룬다. 특히 여름철에는 야간에도 넓은 주차장이 주차요원의 안내에도 상관없이 북적거려 소란스럽기까지 하다.

　동궁과 월지 안으로 들어서면 입구의 소란은 순식간에 고요로 바뀐다. 다시 탄성으로 이어지는 소리의 반란을 무의식으로 느끼게 된다. 어둠이 내리면서 월지는 역사를 담는 거울이 된다. 월지는 은은한 불빛을 받아 동궁의 청색과 붉은 색, 연보라빛으로 칠한 서까래 하나하나까지 그대로 육상의 모든 예술을 흉내 내어 담아낸다. 완벽한 대칭으로 예술을 한 단계 승화시키는 데칼코마니를 완성하는 월지의 표현법은 신비스럽다. 천 년 이전의 화려하게 피어났던 통일신라의 예술이 다시 부활하는 것이다. 월지는 이름 모를 예술인의 화려한 기술을 한 치의 오차 없이 담아낸다. 가끔 불어오는 바람에도 크게 흔들리는 법이 없다.

　문무왕이 삼국통일을 이루고 주체할 수 없이 넘치는 힘을 쏟아 부은 곳이다. 터무니없이 커져버린 나라를 다스리는 정무를 감당할 인력과 사무공간을 확

월지 야경

장해야 했을 것이다. 삼국통일을 이룬 진정한 기쁨의 잔을 이곳에서 들었을 법하다. 축하연의 노래는 하늘로 피어오르고 태평성대를 기원하는 율동은 고스란히 월지에 잠겨 그날의 영화를 지금까지 하나도 잊지않고 담아내려 애쓰는 것만 같다.

대릉원 돌담길 청사초롱

신라의 화려한 불교예술과 고구려의 웅장한 성벽쌓기, 백제의 정원기술들이 고스란히 묻어나는 동궁과 월지. 선조들의 슬기와 지혜가 어린 동궁과 월지에서 다시 화려하게 부활하는 날을 기대하면서 크리스마스이브처럼 들뜨는 즐거운 마음으로 여름 무더위를 이기는 것도 괜찮을 듯싶다.

신라의 달밤

남산 사자봉 야경

 **남산 달빛기행**

　신라의 달밤도 지금과 같았을까. 신라 천년의 흔적을 천년이 지난 지금까지 고스란히 간직하고 있는 경주 남산. 달빛을 받으며 오르는 길은 오감으로 역사의 향기를 느끼게 한다.
　경주 남산은 700여점의 문화유물이 남아 있는 곳이다. 발 닿는 곳마다, 시선이 머무는 곳마다 문화유적이요 기암괴석들이 선경을 이루고 있다. 누구나 한 번 오르면 또 찾고 싶은 마음이 저절로 생기는 정이 가는 산이다. 높이는 500m에도 미치지 못하는 키 낮은 산이지만 웅장한 바위와 다양한 식물들이 이루는 조화는 금강산의 자태에 못지않다. 아름다운 경치에다 많은 문화유적들이 여러 가지 전설과 신화를 품고 있어 해설사의 안내를 받아 가는 남산탐방이라면 더욱 신명난다.
　경주남산연구소는 정취가 뛰어나며 안전한 코스를 선정해 20여년째 매년 10회씩 야간산행을 통해 '달빛기행'이라는 이름으로 이색적인 문화탐방을 진행해 왔다. 그러나 남산은 국립공원구역으로 지정돼 일몰 이후에는 입산을 금지한다는 규정 때문에 달빛기행이 어렵게 됐다. 경주남산연구소는 국립공원 관리사무소와 업무적인 협조를 통해 내년부터 매년 4회로 행사를 줄여 진행하기로 했다.

신라 천년의 향기가 달빛을 받아 아름다운 시간으로 발아하는 경주 남산 달빛기행을 떠나보기로 한다.

■ 달빛 따라 잡기

쟁반 같은 달이 뜨기 전에 경주 남산 통일전 마당에 등산복차림의 사람들이 모여 웅성거린다. 올해 마지막 남산 야간산행이 될지 모를 남산 달빛기행에 참여하기 위해 전국에서 몰려든 60여명의 산사람들이다.

통일전 넓은 주차장에서 제각각 국민체조로 몸을 풀고, 김구석 경주 남산연구소장의 야간 산행에 대한 잔소리 같은 상세한 주의사항이 끝나자 달빛걷기에 자신이 없는 사람들은 손전등을 받아 들었다. 어둠 속이지만 달빛에 익숙해지면 손전등 없이도 길을 살펴 크게 불편을 못느끼며 산행할 수 있다. 인체의 신비를 또 다른 방식으로 체험할 수 있다.

"오늘은 땅과 바위로 이루어진 계곡이라 하여 '지바위골' 또는 '지암곡'이라 불리는 계곡을 통해 사자봉에 올라 달맞이를 하고, 삼화령을 거쳐 남산 우회도로를 따라 다시 통일전으로 돌아오는 코스로 진행하겠습니다"라고 안내한다. 크고 작은 바위들이 산을 뒤덮고 있는 지형이 험난하기로 소문난 제법 위험한 코스다.

경주 남산 부석

경주 남산 석탑달빛

신라의 달밤

고위산 칠불암 마애석불군

　출발하는 걸음에 백일홍이 만발한 서출지를 만난다. 왕을 구한 편지글이 출토된 연못이라는 제법 긴 전설이 적힌 안내판 글씨를 아직 읽을 수 있는 빛이 남아 있다. 연꽃들이 자부룩하게 어우러진 서출지 안으로 발을 담그고 있는 조선시대 정자 '이요정'이 노을을 받아 길게 그림자를 드리우고 있다. 훈장의 근엄한 기침소리가 풀벌레 소리에 묻어오는 것 같다.

　마을 안길을 따라 남산의 풍모에 맞게 달맞이꽃이 노랗게 피어 산을 오르는 사람들을 반긴다. 본격적인 산행이 시작되는 듯 마을이 끝나기 무섭게 경사가 가팔라지면서 나이든 사람들의 입에서 거친 숨소리가 바람을 일으킨다. 둘씩 또는 서넛이 뭉쳐 이야기꽃을 피우며 걷던 사람들 입이 자연스럽게 무거워 진다. 정상을 향해 좁아진 산길을 따라 한 줄로 길게 늘어선 사람들이 코가 땅에 닿도록 절을 해가며 느린 걸음을 옮긴다. 친절한 김구석 소장은 적당히 땀을 훔치는 시간을 배려하면서 농을 섞어 옛날 전설 같은 이야기들을 풀어놓는다.

　작은 지바위가 나타나고 이어 큰 지바위가 곧 무너져 내릴 폼으로 우람한 위용을 드러낸다. 큰 지바위에는 희미하게 선각한 부처님의 얼굴이 드러난다. 거칠게 내뿜던 숨소리는 이쯤에서 가벼워지며 신비한 무엇이라도 캐내려는 듯 탐방객들은 부처님 얼굴에 키스라도 하듯 땀내나는 몸들을 바위에 바짝 밀착시킨다. 어느덧 힘들다는 생각은 간 곳 없이 사라지고 모두 신라 역사속으로 푹 빠져든 것이다. 모르는 사이 햇빛은 사라지고 달빛이 탐방객들의 등 뒤로 부서지고 있다.

달밤 늠비봉

■ 신라의 달밤

　빽빽하게 우거진 잡목들을 잡으며 오르는 산길이 7부 능선쯤에 오를 때 바닥이 평평하게 넓은 탁자바위가 나타난다. 방바닥 같기도 한 탁자바위에 턱 걸터앉으면 서쪽 능선 위로 불쑥 스님의 머리 하나가 솟아오른다. 다시 보면 버선을 벗어둔 모양 같기도 하다. '남산부석' 이다.
　경주에 전해내려오는 세 가지 기이한 물건과 여덟 가지 괴상한 일 '3기8괴'가 있다. 3기는 금척(자), 옥저(만파식적 피리), 구슬(화주)이고, 8괴는 남산부석, 문천도사, 계림황엽, 금장낙안, 백률송순, 압지부평, 나원백탑, 불국영지 등이다. 8괴 중 '남산부석'은 경주 남산 국사골에 덩그렇게 떠 있는 큰 바위다. 명주실을 바위 뒤로 넘겨 앞으로 당기면 거침없이 빠져나와 바위가 땅에서 떠있다는 전설이 전해진다.
　탁자바위에 앉아 계곡에서 불어오는 바람을 맞으며 남산부석을 바라보노라면 어느새 세상근심을 잊고 선경에 들게 된다. 누구나 부처가 된다. 뒤따라 오르는 탐방객들의 채근에 피뜩 정신을 챙기고 다시 땀을 흘리며 산을 올라야 한다. 지금까지 올라온 힘이면 사방이 훤하게 트인 사자봉까지는 쉽게 이른다.

거의 평지에 가까운 산길로 바뀌기 때문이다.

  남산에 오르면 누구나 시인이 되고 작명가가 된다. 눈앞에 드러나는 기암괴석과 말로 표현하기 어려운 절경들이 잠들었던 감정선을 깨우기 때문이다. 탁자 닮은 바위, 스님 머리 닮은 바위, 고깔을 닮은 바위 등등 이름 없는 바위들이 수시로 마주 선다. 사자봉에는 사자가 없다. 펑퍼짐하게 다져놓은 팔각정자 터가 덩그렇다. 박정희 대통령 당시 지었던 팔각정이 바람에 날아가고 흔적만 남아 있는 것이다. 사자봉은 남산에서 가장 높은 곳은 아니지만 돌아보면 경주의 시가지가 한 눈에 들어온다. 어둠에 깔린 도시에 불빛들이 줄을 이어 띠를 형성하며 신비스런 풍경을 선사한다.

  이쯤에서 고개를 들어 하늘을 바라볼 일이다. 말끔하게 화장을 지운 달이 내려와 마음을 가득 채운다. 작게 반짝이는 별들은 눈에 띄지도 않는다. 보름달의 여왕적인 기품에 빛을 잃은 탓이다. 고개들어 하늘을 올려다보면 초등학교 자연 시간에 배웠던 큰곰자리, 북두칠성, 카시오피아 등의 별자리가 뇌리를 자극하며 가물가물 옛 생각들을 불러온다.

경주 남산 통일전

  사람들이 어느 정도 정신을 수습할 무렵 김구석 소장의 굵은 목소리가 경주 남산을 노래한 자작시 '남산' 시낭송을 들려준다.

남산 소나무 옆/ 두리뭉실한 바위가 부처가 되고/ 흐르던 시간이 소리없이 멎어/ 신라로 돌아간다/ 천년, 부처는 그렇게 앉아 계시고/ 천년, 부처는 그렇게 서 계실 것이다// 부처는 바위, 바위는 부처/ 우러러보는 사람도 부처/ 모두 피가 통하는 한마음 한 몸이다// 푸른 하늘, 흰 구름/ 구름 그대로, 바위 그대로 그저 그대로다/ 천년이 왔다가는 그저 그대로다.

여기저기서 박수소리가 흩어지고, 달밤 산중에서 대금소리가 심금을 울린다. 대금소리가 은은하게 퍼지면 숨소리조차 멎는다. 기이하기도 하고 괴기스럽기도 하다. 휘영청 밝은 달이 중천으로 떠오르고 사방에 고요가 깔려 짐승소리 하나 들리지 않는데 대금의 청아한 목소리가 세상의 근심을 잠재우는 듯하다. 신라 만파식적이 나라의 근심을 잠재우고 백성들의 아픔을 어루만졌다던 전설이 깨어나는 듯한 착각에 빠진다.

■ 하산길의 전설

현실로 돌아온 탐방객들은 달빛에서 눈을 거두고 하산하는 발걸음을 서둘러야 한다. 땀은 벌써 식어버렸고 남산계곡의 밤바람은 체온을 빼앗아간다. 내려오는 길은 평평하게 넓게 만들어진 찻길이다. 1970년대에 남산 순환도로로 개설된 비포장길이다. 하지만 돌자갈이 깔려 자칫 미끄러지면 다칠 수 있다. 내리막길에 재미가 붙을 무렵 해설사들은 탐방객들을 다시 한 자리로 불러 모은다.

'삼화령'이라는 전설을 소개하는 간판이 있는 곳이다. 간판이 있는 도로 위쪽 능선에는 지름 2m에 이르는 연꽃이 새겨진 연화대좌가 있다. 연화대좌에서 서면 동해 끝자락으로 이어지는 무궁무진 넓게 펼쳐지는 바다 풍경이 시야에 들어온다. "삼화령은 이곳이라는 설과 서남산쪽의 아기부처가 출토된 해목령 쪽이라는 설로 나뉘고 있다"는 해설사의 설명이다.

신라 선덕여왕 때 도중사라는 절에 생의스님이 살고 있었다. 어느날 밤에 늙은 스님이 찾아와 생의스님을 데리고 남산에 올라 풀을 묶어 위치를 표시하면서 "이곳에 내가 묻혀 있으니 스님이 나를 파내어 고개 위에 편안하게 있게 해주시오"라고 말했다. 생의스님이 그렇게 하겠다고 약속하고 나니 꿈이었다. 일어나 꿈속의 장소로 가보니 풀을 묶어 표시한 곳에 그대로 풀이 묶여있어 땅을 파보니 돌미륵상이 나왔다. 생의 스님은 돌부처를 삼화령에 모시고 절을 지어 공양했다. 생의스님이 세상을 떠나고 사람들은 그 절을 '생의사'라고 불렀다.

남산 연화대좌

경주남산연구소 김구석 소장은 생의사에 이어 충담스님 이야기를 눈을 지그시 감은 채 암송으로 풀어 놓았다.

신라 경덕왕이 어느 해 삼짇날에 월성 귀정문루에서 "오늘 귀한 스님을 만날 인연이 있는데 누가 훌륭한 스님을 모셔 오겠는가"라고 했다. 그때 비단옷을 입은 점잖은 스님이 지나가자 신하가 "모셔올까요"라고 물었지만 왕은 "내가 맞으려는 스님이 아니다"고 했다. 이어 허름한 옷을 입은 스님이 지나가자 신하들은 초라한 스님을 지나가게 내버려 두었지만 왕은 지나가는 그 스님을 모셔오게 했다.

초라한 행색의 스님 바라에는 주전자와 풍로, 부채 등의 다구가 있었다. 왕은 "그대는 누구요"라고 물었다. 스님은 "예, 충담이라 합니다"라고 답했다. "어디서 오는 길이오"라고 묻자 충담은 "삼화령 미륵세존께 차를 달여 드리고 오는 길입니다"고 했다. 왕이 "그 차를 나도 한 잔 맛볼 수 없겠는가"라고 묻자 "부처님은 만 중생의 어버이시고 임금님은 만 백성의 어버이시온데 어찌 차를 드리지 않을 수 있겠습니까"라며 차를 달였다. 차 맛이 신비하고, 사발에서 신비한 향기가 풍겼다. 왕은 "찬기파랑가를 지으신 충담이라면 나를 위해 백성

경주 남산달빛 시가지 야경

경주 서출지 달빛

GYEONGJU HEALING ROAD

들을 다스려 편안히 할 노래를 지어줄 수 있겠는가?"라고 묻자 충담은 그 자리에서 '안민가'를 지었다.

'임금은 아버지요/ 신하는 자애 깊은 어머니요/ 백성은 어린아이로구나 하고 여기시면/ 백성이 사랑받는 것을 스스로 알리이다/ 굼실거리면서 사는 서민이/ 사랑을 먹어 스스로 다스려져/ 이 땅을 버리고 어디로 갈 것인고 하고 생각하면/ 나라 안이 되어감을 가히 알리이다/ 아 임금은 임금답게 신하는 신하답게 백성은 백성답게만 한다면/ 나라 안은 태평한 것이나이다.'

경덕왕이 안민가를 받아보고 감탄하여 충담 스님을 국사로 모시려 했지만 충담은 주섬주섬 짐을 챙겨 절을 올리고 "중이 할 일은 따로 있습니다"라며 사양하고 떠났다.

석가사와 불무사 소개

탐방객들은 저마다 충담의 안민가를 머리로 재해석하며 현실의 정치세계와 접목하기 바쁘다. 조심조심 하산하는 길이 한 시간도 더 걸린다. 다시 백일홍이 달빛과 가로등불을 맞아 붉게 마중하는 출발점 서출지에 이르러 탐방객들은 충담 스님이 왕 앞에서 사라지듯 뿔뿔이 어둠속으로 흩어져 갔다.

 ## 천년야행

 '신라' 하면 자연스럽게 떠오르는 수식어가 '천년'이다. 천년의 장구한 세월 동안 신라가 오로지 경주지역에 뿌리를 내리고 이어져 왔기 때문이다. 우리의 역사에서는 물론 세계사적으로도 천년이라는 시간을 하나의 왕국이 맥을 이어온 나라는 없다. 500년도 안된 역사를 가진 나라들도 수차례 수도를 옮겼다. 신라는 기원전 57년 나라를 세운 이래 멸망에 이른 935년까지 992년 동안 경주, 즉 서라벌을 수도로 천년왕조를 이어왔다. 자랑스러운 우리의 역사다.

 영묘사 터에서 발견된 기와에 새겨진 웃는 얼굴을 '천년미소'라 한다. 경주에서 나오는 상표와 로고에는 '천년왕국', '천년수도', '천년고도' 등등의 '천년'이라는 말이 자연스럽게 따라 붙는다.

 경주문화원이 경주의 역사문화유적을 둘러보는 역사문화관광 프로그램으로 '천년야행'을 기획 운영하고 있다. '왕의 길', '탑의 길', '별의 길'이라는 역사문화를 탐방하는 코스를 나누어 2시간에서 3시간의 야간 탐방길을 역사문화해설사들이 안내한다. 밤이 깊어지면 탐방객들은 점점 전설 같은 신라의 이야기 속으로 빨려 들어간다.

동부사적지 연날리기 체험

주무대공연(천년의 사랑)

　천년야행에 참가하는 인원은 대부분 서울과 부산 등의 타 도시에서 인터넷으로 참가신청서를 제출한 외지인들이다. 경주를 자세하게 소개하고 역사문화를 자랑하는 계기가 된다. 천년야행은 문화유적 탐방과 함께 공연을 즐기면서 전통민속놀이 체험과 전통연, 주령구 주사위 등의 만들기 체험, 선덕여왕 행차 등 다양한 이벤트가 진행돼 참가자들의 호응이 높아지고 있다.
　이번 호에서는 천년의 찬란한 역사문화를 자랑하는 '천년야행' 프로그램에 참가해 우리나라 역사문화를 다시 재점검하면서 행복한 시간을 만들어가는 힐링 테마프로그램을 소개한다.

■ 천년고도 경주에서 천년야행

　경주에서 역사문화를 제대로 체험하며 느낄 수 있는 행사가 매년 진행된다. 경주문화원이 6월부터 9월까지 4개월간 첨성대와 월성, 계림 등의 동부사적지 일원에서 역사문화유적을 매개로 하는 다양한 체험행사와 문화팸투어를 추진해 경주시민과 관광객들이 참여하고 있다.
　지난 9일에는 연날리기와 연만들기, 주령구 만들기, 투호와 주령구 놀이 등의 체험행사에 이어 왕의 길, 탑의 길, 별의 길 등으로 코스를 나누어 문화팸투어를 추진했다.

7월에는 7일부터 9일까지 3일간 한여름 밤에 천년의 역사문화향기를 느낄 수 있는 야간 문화관광 프로그램을 운영해 경주시민은 물론 관광객들이 더위를 잊게 했다.
　천년야행은 세계문화유산의 아름다운 야경과 유적에 담긴 신라역사를 비롯한 다양한 설화 등 신라이야기를 활용해 야사(夜史), 야화(夜花), 야설(夜說), 야식(夜食), 야숙(夜宿), 야시(夜市), 야경(夜景), 야로(夜路) 등 8개의 테마로 진행됐다.
　최치원의 절구시 '향악잡영' 5수에서 읊어진 다섯가지 놀이를 재연한 신라오기 공연을 비롯해 선덕여왕과의 놀이, 인형극, 신라복식 체험, 문화재 사진전, 유등 띄우기, 창작극 '천년의 사랑' 공연, 소망등 날리기, 소원지 달기 등 다양한 내용으로 진행됐다.
　동궁과 월지, 첨성대, 계림 등의 동부사적지, 대릉원, 월정교 등지에는 조명등을 밝혀 어둠 속에서 빛과 조명이 빚어내는 문화재의 아름다움과 생동감 넘치는 조형미를 감상하는 발길이 이어졌다. 전문 사진작가들도 카메라를 설치해 두고 사진을 촬영하는 장면이 곳곳에서 연출됐다.
　관광객 편의를 위해 혼자수 미술관과 북카페인 문정헌, 신라왕궁 영상관, 쪽샘유적 발굴관 등도 연장 운영하고, 행사장 일대 주요 문화유적지 및 시설도 야간 개방해 역사문화도시 경주가 밤낮 없이 북적거린다.

얼굴 그리기

9일 중양절에 올해 마지막 천년야행이 진행됐다. 첨성대를 중심으로 14만여 ㎡에 이르는 꽃밭이 조성되어 꽃과 사람이 하나의 화단을 이룬다.

황화코스모스가 주황색의 주단을 깔고, 백일홍은 꽃대를 세워 남은 햇살로 더욱 화려하게 화장을 했다. 길가에 세워둔 12지신상 등에는 색색의 소원지가 펄럭인다. 가족의 안위와 소원성취를 기도하는 마음이 허리띠로 둘러쳐져 있다. 아직 잔디는 푸른빛으로 바다를 이루고 사람들의 물결이 경주를 메운다. 토요일 산책에 나선 경주시민들과 인근 포항, 울산, 대구 등지에서 놀러온 사람들로 첨성대 주변 사적지는 인산인해다. 경주가 가진 역사문화유적은 물론 이를 활용한 축제와 천년야행과 같은 다양한 이벤트가 그 힘이다.

신라의 달밤

연 만들기 체험

■ 왕의 길, 탑의 길, 별의 길

천년야행의 꽃은 아무래도 참가자들이 저마다 등을 들고 어둠이 내린 신라의 숨결을 찾아 나서는 신라야행 답사다. 전문 해설사들이 대거 참여해 각자 참가자 20~30여명씩 조를 편성해 안내한다. 야행은 왕의 길과 탑의 길, 별의 길로 나누어 진행된다.

천년야행이란 말은 재밌다. 천년을 거슬러 신라의 밤을 거닌다는 말이다. 밤늦도록 노닐다가 집으로 돌아와 마왕과 아내의 부정을 본 처용의 노래가 들리는 듯한 착각에 빠진다. 처용이 거닐었을 신라의 길을 별모양 등과 주령구등을 손에 들고 어둠을 헤쳐 나가며 걸어본다.

왕의 길 계림로 탐방

 왕의 길 : 신라시대 왕과 귀족들이 걸었던 길이다. 문화원에서 나누어준 등을 들고 발아래로 깔린 어둠을 밝히며 역사 속으로 걸음을 옮기기 시작하면서 마음은 서서히 요동친다. 선덕여왕이 첨성대에서 하늘의 별들을 관측하고 사뿐사뿐 왕궁으로 돌아가던 계림로. 첨성대에서 월성까지는 불과 2㎞남짓 되는 빤히 바라다 보이는 거리다. 첨성대 주변은 요즘말로 행정타운이었다.
 "나라의 일을 관장하는 요즘의 안행부, 기재부와 같은 주요 시설들이 들어서 있다"며 털보 이용호 문화재해설사가 구수하게 소개한다. 계림숲을 지나면서 털보 해설사는 "김알지가 태어난 숲"이라며 "신라시대 박혁거세, 석탈해, 김알지 중에서 알에서 태어나지 않은 사람은 누구일까요"라며 질문을 던진다. 김알지는 번쩍거리며 빛나는 궤짝 안에서 어린아이로 발견되었단다. 틀리기 쉬운 문제라고 어린아이들에게 가르침을 준다.
 요석공주가 머물렀던 요석궁이 있었던 곳으로 신라시대 국학이 현재 향교로 이어져 교촌으로 불리는 마을을 한바퀴 돈다. 왕이 남산으로 행차할 때 걸었던 월정교, 원효대사가 요석궁으로 들면서 남천에 빠졌던 누교도 해설사의 입으로 설명된다. 월성으로 오르면서 최근 발굴과정에서 문지의 기둥 아래에서 인골이 발견되었다는 이야기도 섬뜩하게 전달한다.

신라시대에도 얼음을 보관했다는 기록이 남아있다는 설명과 함께 조선시대에 현재의 자리로 옮겨진 석빙고 안으로 불을 비춰본다. 파사왕때부터 신라가 멸망할 때까지 왕궁이 있었던 월성을 지나 동궁과 월지로 걸음을 옮긴다.

동궁과 월지 입구는 초만원이다. 어둠이 내린지 한참 되었지만 동궁의 야경을 보려는 인파는 입추의 여지도 없이 북적거린다. 천년야행에 나선 탐방객들은 자칫 한눈 팔면 일행을 놓친다. 해설사들의 깃발을 든 팔이 자꾸 높아지는 곳이다. 1970년대 발굴에서 신라시대의 유물 3만여점이 드러나 당시 생활상을 짐작하는데 큰 도움이 되고 있다. 동궁과 월지는 경치가 뛰어나며 당시 과학과 예술을 감상할 수 있는 곳이다. 천년야경의 대표적인 코스로 찾는 발길이 밤낮으로 줄을 잇고 있다. 다시 첨성대로 돌아오는 길에 어둠이 깊게 내린다.

신라의 달밤

투호

주령구 놀이

별의 길 : 별의 길로 나선 사람들은 어둔 밤하늘에 홀로 빛나는 십자성이라도 찾고 싶은 것일까. 어린 자녀를 둔 부모들이 어린이들과 많이 참석하는 코스다. 별의 길 역시 첨성대에서 해설사의 본격적인 설명이 시작된다.

주위가 어두워지면 첨성대는 형광의 색으로 옷을 갈아입는다. 노랑, 빨강, 옅은 보라빛깔로 변장하는 첨성대를 보노라면 신라 27대 선덕여왕 때에 얼마나 과학적으로 만들어졌는지 고개를 끄덕이게 한다. 지난해 경주를 휩쓸아친 것은 5.8 규모의 지진이었지만 첨성대는 1.5m가 흙으로 튼튼히 다져져 내진설계로 건축돼 지진에 안전할 수 있었다는 이야기다.

첨성대를 벗어나 횡단보도를 건너 대능원에 도착한다. 숲이 어둠을 가두고 조명등은 길을 따라 징검다리처럼 이어진다. 천마총은 직경 47m, 높이 12.7m의 원형 돌무지덧널무덤이다. 천마도가 출토되어 천마총이라 명명되었고, 고분은 복원되어 내부시설이 공개되고 있다. 9월 18일부터 7개월간 업그레이드 된 모습을 보이기 위해 공사가 진행되어 내년 4월에나 볼 수 있다.

알려진 천마도는 자작나무에 새겨진 날개 달린 말의 형상이다. 건너편 엉덩이처럼 누운 3자 모양의 큰 능은 황남대총으로 높이가 23m의 거대한 남분과 북분이 덧붙여 조성된 돌무지덧널무덤 표형뷰이다.

월성 설명

소원지

신라의 달밤

월성 왕의 길

신라 대종

소원지 태우기

대능원을 벗어나 길을 건너자 신라대종이 보인다. 선덕대왕신종과 똑같이 만든 종이다. 조금 걸으면 '쪽샘 유적 박물관'이 우주모형의 덮개를 쓴 채 나타난다. 계단을 오르자 고분 발굴 현장이 활짝 펼쳐진다. 다들 우와! 하는 함성을 지른다. 고분의 크기가 방대하고 직접 발굴 현장을 본다는 것이 다들 놀라운 모양이다. 밖으로 나오자 어둠은 더욱 깊어져 하늘의 별들이 드문드문 보이고 풀벌레소리와 흐릿한 불빛으로 천 년 전 신라의 밤을 느끼게 한다. 별을 관측하던 첨성대에서 시작된 별의 길은 다시 첨성대로 돌아오면서 끝이 난다. 신라에서 벗어나 현재로 돌아오는 길이다.

탑의 길 : 첨성대에서 출발해 신라 옛길을 찾아 황룡사지를 돌아보는 코스다. 진흥왕으로 시작해서 4명의 왕이 90여년에 걸쳐 이룬 역사를 설명한다.
 신라 3대 보물 중 2개의 보물이 황룡사지에 위치할 정도로 대단한 역사문화 유적이다. 동궁과 월지를 돌아 다시 첨성대로 오는 코스다.

■ 김윤근 경주문화원장

　김윤근 경주문화원장의 우리문화에 대한 지식과 계승발전시키려는 열정은 아무나 흉내내기 어렵다. 경주사람 누구나 인정하는 부분이다.
　"신라라는 나라 이름은 백성의 마음을 모은 하늘의 뜻이다. 덕업일신, 덕을 매일 쌓아, 망라사방, 천지에 두루 펼쳐 이롭게 한다는 내용이다"며 김윤근 원장은 신라의 나라 이름을 풀이한다.
　"지증왕은 산 사람을 무덤에 같이 장사지냈던 순장제도를 폐지하고 살아 있는 모든 생명의 존엄을 지키려 했다"면서 "검소하게 복을 쌓고 백성을 위하는 정신으로 나라를 운영했던 내용들이 성덕대왕신종 명문에도 새겨져 있다"고 신라의 정신을 설명했다.

김윤근 경주문화원장

　김윤근 원장은 "답사를 통해 불리한 여건을 극복하고 삼국통일의 위업을 달성해 민족, 겨레를 창조한 조상의 지혜를 배우고, 가지려는 것보다 나누고 함께하려는 정신문화를 펼치기 위해 천년야행을 기획 운영한다"면서 지속적으로 발전시켜 나갈 것이라 말했다.

신라의 달밤

생생화랑캠프

 신라마중투어

 경주는 역사문화가 살아 숨 쉬는 역사문화도시다. 곳곳에 유물들이 산재해 있다. 지난 시대의 장면들이 화석처럼 굳은 채 역사를 웅변하고 있다. 이러한 유물들을 매개로 체험탐방프로그램이 다양하게 진행되고 있어 이를 즐기려는 사람들이 줄을 잇고 있다.
 '아 - 신라의 밤이여 불국사의 종소리 들리어온다/ 지나가는 나그네야 걸음을 멈추어라/ 고요한 달빛어린 금오산 기슭에서/ 노래를 불러보자 신라의 밤 노래를.'
 일제강점기 악극단 활동으로 가요계에 입문해 독특한 창법으로 노래를 불러 인기를 끌었던 현인(본명 현동주 玄東柱) 가수의 '신라의 달밤' 노랫말이다. 지금도 경주를 대표하는 노래로 주요행사에서는 빠지지 않고 등장한다.
 유형을 가진 유물에 이념처럼 이야기가 보태지면서 역사문화재는 긴 생명력을 가지는 모양이다. 경주에서 반세기에 이르는 역사를 가진 신라문화원이 경주의 역사문화유물을 매개로 다양한 체험프로그램을 만들어 체험탐방객들을 경주로 불러들이고 있다.
 '신라 달빛기행'이라는 프로그램이다. 달빛기행은 크게 4개 테마로 나누어 진행된다. 한 달을 4주로 구분하고 매주 토요일을 기해 '신라달빛기행', '살아 숨 쉬는 서악서원', '문화재 생생 화랑캠프', '야호 경주 신라타임머신투어' 등의 이름으로 진행되는 역사문화체험 프로그램이다.

신라문화원이 진행하는 체험프로그램은 비가 와도 기후와 관계없이 진행된다. 일단 하루 전날까지 홈페이지를 통해 참가신청서를 접수해야 신라의 역사문화 체험에 참가할 수 있다. 화랑복과 선비복 등의 각종 체험에 필요한 준비물과 프로그램을 진행하기 위한 조처다. 밤과 낮, 경주를 200% 즐길 수 있는 역사문화 체험프로그램 '신라 달빛기행'을 떠나본다.

신라 왕과 왕비 옷 체험

■ 신라 달빛기행

신라 달빛기행은 낮의 경주는 물론 밤의 경치도 함께 감상하며 경주를 200% 즐길 수 있는 프로그램이다. 신라달빛기행은 매월 첫째 주 토요일에 진행된다. 경주를 찾는 대부분 관광객들이 신라천년의 정취를 느끼기 위해 어디를 갈지, 무엇을 체험할지 하는 고민을 단번에 해결해 준다.

신라 천년의 역사문화를 '낮과 밤 경주 200% 즐기기'라는 테마로 오후 3시 서악서원에 집결해 인원점검이 끝나면 본격적으로 프로그램이 진행된다. 먼저 신라 화랑들이 입던 옷으로 갈아입고, 신라문화에 젖어본다. 전통 한복을 차려입은 경주의 차문화단체에서 선발된 도우미들이 전통차를 우려내고 마시는 문화를 시연하면서 신라의 다도문화를 전해준다.

왕경지구 탐방

문화재생생

대학생 한국문화체험

신라의 달밤

옷이 날개가 아니라 옷은 생각의 틀을 짜 맞추기도 한다. 화랑의 옷을 입으면 화랑이 되고, 선비의 옷을 걸치면 자연스럽게 행동부터 선비를 닮아간다. 차를 마시고 뒤뜰에 마련된 죽궁체험장으로 이동한다. 활시위에 화살을 매기고, 깊게 호흡을 들이마시며 가슴께로 활을 붙이면서 시위를 팽팽하게 잡아 당겼다가 살을 놓는다. 바람을 가르며 눈 깜짝할 사이에 시위를 떠난 화살이 과녁에 '포옥' 소리를 내면서 꼽힌다. 과녁에 박힌 채 꼬리를 떠는 화살을 보면서 쾌감을 느낀 청소년들은 연신 환호성을 질러댄다. 기분은 이미 신라의 화랑이 되어 있다. 기백이 넘친다. 다시 백등을 받아 화랑의 세속오계를 기록하고, 주소와 이름을 적으면서 '나만의 백등'을 만든다.

동궁과 월지 백등

첨성대 탑돌이

문화재해설사를 따라 역사문화현장 탐방을 떠난다. 9월에는 '세계 유산을 거닐며'라는 주제로 월성과 대릉원지구를 탐방했다. 첨성대와 계림을 지나 왕의 거처 월성터를 둘러보았다. 10월 7일은 '가을들판을 걸으며'라는 주제로 능지탑과 선덕여왕릉, 황복사지, 진평왕릉 등을 돌아보는 낭산권의 문화재를 탐방한다. 8월과 7월 등 지난 체험에서는 다양한 신라의 역사문화재를 탐방했다. 매월 참가해도 지루하지 않게 다른 문화재를 선정해 탐방한다.

진짜 신라문화 체험은 저녁을 먹고, 달이 뜨는 시간에 이루어진다. 신라의 달밤을 즐기는 것이다. 어둠이 내리면 천지는 과거와 현재를 구분하기 어렵다. 신라시대 문화가 비치면 곧 신라에 머물게 되는 것이다. 신라사람으로 돌아가 신라의 문화를 몸에 두른다. 고즈넉한 기운이 맴도는 오래된 전통한옥에서 전통음악에 젖어보는 시간도 체험한다. 전국의 유명가수들이 출연해 공연을 하기도 한다.

신라의 달밤

안압지 외국인

마지막 코스가 신라의 달빛기행에서의 백미다. 동궁과 월지 야간투어가 진행된다. 달빛을 받아 고색창연한 신라시대의 멋을 부린 건물들이 하나씩 눈에 들어온다. 해설사의 역사이야기에 빠져 마음은 이미 신라로 건너가 있다. 월지에 투영되는 완벽한 데칼코마니를 이루는 동궁의 야경은 탐방객들의 혼을 쏙 빼놓는다. 황홀경에 취해 저마다 카메라 셔터를 누르기에 바쁘다.

신라달빛기행은 오로지 경주에서만 체험해 볼 수 있는 특별한 경험으로 이색적인 추억을 남기게 한다. 이 프로그램은 이미 전국에 알려져 창덕궁 달빛기행 등 많은 지자체에서 벤치마킹을 하고 있다.

■ 살아 숨 쉬는 서원

'살아 숨 쉬는 서원' 프로그램은 서악서원에서 진행된다. 서악서원은 조선시대 대원군의 서월철폐 철퇴도 피해 살아남은 사액서원으로 전통적인 서원의 모습을 그대로 간직하고 있는 문화유적이다.
　서원 프로그램은 둘째 주와 다섯째 주에 '문화재 생생 화랑캠프' 프로그램과 함께 진행된다.

붓글씨 퍼포먼스

어록판각체험

이 프로그램은 문화재청과 경북도, 경주시 후원으로 진행되는 프로그램이다. 이 또한 경주에서만 할 수 있는 특별한 경험을 선물하는 인기 체험프로그램이다.

토요일 오후 3시 서악서원에서 선비복이나 화랑복을 입고 전통茶, 죽궁체험, 문화재 스토리텔링 답사에 이어 저녁에는 매주 공통프로그램으로 서악서원 고택음악회를 즐기는 순서로 이어진다.

'살아 숨 쉬는 서악서원'은 평소 쉽게 발걸음이 가지 않는 서악서원에서 선비복을 착용하고 예절교육, 선비풍류체험 등의 다양한 서원 활용 문화프로그램을 진행해 이색적인 경험을 하게 된다. 유교문화에 대한 이해도를 높이고, 심신수련을 통해 호연지기를 기르고, 자신을 성찰하고 재충전하는 기회를 제공하는 공간으로 인기가 높다.

중앙단위의 공무원과 대기업 사원교육의 장소로도 이미 여러 차례 체험프로그램이 진행되어 화제. 광역자치단체는 물론 기초지방자치단체들의 참가에 대한 문의도 접수되고 있다. 경주의 특성상 불교위주의 체험 프로그램이 유교문화까지 활용 스펙트럼이 넓어졌다는 평가와 함께 수학여행코스로도 접목이 진행되고 있다. 우리나라 역사문화와 정신문화 계승발전을 위한 체험프로그램으로 발전할 것으로 기대된다.

서악서원 고택음악회

■ 신화랑 풍류체험

나만의 연등 만들기

'문화재 생생 화랑캠프'라는 이름으로 진행되는 프로그램은 청소년들이 주요 참여자가 되어 신화랑풍류체험으로 추진된다. 삼국통일의 기초를 닦은 진흥왕과 무열왕의 능을 비롯해 설총, 김유신, 최치원을 배향하고 있는 서악서원을 활용한 다양한 체험프로그램이다.

화랑복을 입고 화랑예법, 화랑무예, 화랑각오 등 다양한 테마로 진행되어 청소년, 가족단위 참가자들에게 큰 인기를 얻고 있다. 청소년들의 교육프로그램과 공무원, 근로자들의 교육시스템으로도 확대 적용되고 있다.

참가자들이 화랑복으로 갈아입고 단체촬영을 하면서 서서히 화랑의 모습으로 닮아간다. 다도체험을 통해 화랑의 예법을 익히고, 신라통일의 원동력이 되었던 영웅 화랑이야기를 담은 특강시간이 마련된다. 어른도 화랑들의 용맹무쌍한 이야기에 푹 빠진다. 백등에 세속오계 적기 등을 통해 화랑의 맹세를 체험한다. 임신서기석에 새겨진 글을 새기면서 자신에 대한 각오를 다지는 시간도 갖게 한다. 무예단을 통해 택견과 죽궁체험 등의 화랑무예를 직접 보고 체험하는 시간으로 화랑의 매력에 흠뻑 취하게 한다.

화랑제도를 만들고, 화랑을 통해 삼국통일을 이루게 한 진흥왕릉과 무열왕릉을 답사하면서 해설사에게서 듣는 화랑에 대한 무용담과 역할에 대한 역사 이야기는 청소년들이 화랑의 기개를 닮게 한다.

신라의 달밤

화랑체험 죽궁

죽궁체험

■ 야호 경주 신라타임머신투어

 네번째 주 토요일에 진행되는 '야호(夜好) 경주! 신라타임머신투어'는 경주지역 전통문화자원을 최대한 활용하여 경주 관광 만족도를 높여준다. 또 체류형관광을 통해 신라문화를 깊이 이해하고, 경주지역의 관광경기를 살리는데 기여하는 역할을 하기도 한다.
 낮에는 화랑정신을 테마로 하는 재미있는 체험에 이어 전문해설사와 함께 월성발굴유적지, 유네스코에 등재된 남산 투어를 진행한다. 야간에는 서악서원에서 스토리텔러 류필기 또는 가람예술단이 진행하는 신라히스토리테마공연으로 한바탕 놀 수 있는 체험형 잔치마당이 펼쳐진다. '얼쑤 신라달밤콘서트'를 통해 신명이 난 탐방객들은 자신의 소원을 기록한 백등을 들고 신라의 달밤으로 걸어 들어간다.
 신라 선덕여왕이 만들어 천체를 살피면서 농사와 국가의 대소사 길흉화복을 점치게 했던 첨성대 탑돌이를 진행한다. 빨주노초파남보라색으로 시시각각 변하면서 신비스런 분위기를 자아내는 첨성대에서 신라의 달밤을 만끽한다.
 신라의 역사이야기를 듣고, 살아 있는 신라문화를 체험하고, 신라시대 문화유산이 살아있는 곳에서 신라인이 되어 신라문화를 즐겨본다. 타임머신을 타고 신라로 시간이동하는 느낌을 갖게 한다.

"아 - 신라의 밤이여 불국사의 종소리 들리어 온다/ 지나가는 나그네야 걸음을 멈추어라/ 고요한 달빛어린 금오산 기슭에서/ 노래를 불러보자 신라의 밤 노래를/ 아 - 신라의 밤이여......" 신라의 달밤이 끝없이 입가를 맴돌게 하는 경주에서의 '신라마중' 매력에 빠져볼 것을 권하는 신라문화원 진병길 원장의 미소가 신라인의 미소를 닮았다.

고즈넉한 서원에서 출발하는 '신라의 달밤'을 체험하면서 잊지 못할 추억을 만들어 보는 경주의 힐링로드를 강추한다.

신라의 달밤

월성에서 기념촬영

 추억의 수학여행

 추억은 다 아름다운 것일까? 지난 시간의 흔적을 찾아 경주로 몰려드는 발길이 꾸준히 이어지고 있다. 신라문화원이 장년층의 감정선을 자극하는 '추억의 수학여행' 프로그램을 기획해 다양한 이벤트를 진행하면서 아름다운 시간 선물을 배달한다. 우리나라 50~60대 장년이라면 누구나 중고등학생시절 경주 수학여행을 다녀가면서 특별한 추억 하나쯤 가지고 있을 것이다.

 '추억의 수학여행'은 신라문화원이 역사문화관광도시 경주에서의 추억을 되새김질하면서 허전해져가는 몸과 마음을 채워보려는 장년층들을 경주로 불러들이는 전략적 상품이다. 학교동창회 또는 기업과 사회단체들이 30명 단위 또는 100~500명까지 신청해 청춘을 찾아가는 이벤트에 참가한다. 참가자들은 모두 옛날 학창시절 입었던 교복에 모자를 쓰고 그 시절로 돌아간다. '반장'과 '주번' 완장도 찬다. 교복으로 갈아입는 순간 장년들은 벌써 10대 청소년이 된다. 뜨거운 여름철과 아주 추운 겨울을 제외하고 연간 30여회 매주 토요일과 일요일에 수학여행을 진행한다. 가끔 참가단체의 주문으로 주중에 진행하기도 한다.

 경주지역의 오랜 역사를 간직한 문화유산과 함께 특별한 추억이 살아 있는 수학여행지의 특성을 살려 장년들의 추억을 찾아주는 '추억의 수학여행'을 떠나본다.

■ 반갑다 친구야

추억의 수학여행은 대부분 1박2일 코스로 진행된다. 전국에서 경주로 한꺼번에 관광차를 타고 오기도 하지만 서울, 부산, 대구, 광주 등지로 흩어져 살던 친구들이 30여년 전의 친구들을 만나기 위해 지역별로 팀을 구성하거나 개별적으로 경주로 몰려온다. 오랜만에 만난 격의없는 친구들이라 서로 인사를 나누는 데만 1시간은 족히 걸린다. 고향마을에 같이 살았던 친구지만 얼굴이 몰라보게 변해버린 친구도 있다.

"니 누고?", "니 진짜 상구 맞나?" 배가 불룩하게 나와버린 친구, 대머리가 되어버린 까까머리 소년, 하얗게 서리가 내려버린 머리 아래로 지나간 시간을 씻어내려는 눈동자의 굴림이 바쁘다. 특히 여학생들은 변해도 너무 많이 변해버려 일일이 추억담을 나누면서 겨우 확인하게 되는 어이없는 사례가 수두룩하다. 주름살 속에 묻혀버린 까마득한 시간을 발굴하는 친구들의 수다가 또다시 시간을 빠르게 흘려보낸다.

본격적인 이벤트가 진행되기 전에 삼삼오오 모여앉아 중학생, 고등학생 시절의 이야기를 곱씹는 시간이 구수하게 무르익는다. 각각 사는 곳에서 가져온 특산물과 먹거리들이 보따리에서 나오기 바쁘게 말잔치를 더욱 풍성하게 한다.

첨성대 기념촬영

이야기들은 살아온 내력 캐기에서 시작해 짝사랑 이야기, 선생님과의 추억, 각자 기억에서 특별하게 자리잡고 있는 추억거리들이 무작위로 뒤범벅이 된다. 이야기는 흐릿해지는 추억을 근거로 과거에서 현재로 마구 달리다 미래까지 넘나들게 된다. 서서히 과거로 돌아가 동심에 젖는다. 그리고 쌓인 피로와 사회적 갈등의 벽을 허문다.

　본격적인 수학여행은 참가자들이 교복으로 갈아입고, 추억의 영상물을 보면서 시작된다. 사장도 없고, 회장도 없다. 부장이나 과장 계급도 사라지고 까마득한 지난 시간의 친구로 되돌아간다. 해가 저물고 저녁상을 물리고 나면 몸이 기억하는 본격적인 추억여행이 시작된다. 팀별로 준비한 내용에 따라 참가자들의 목소리에 높낮이가 달라진다. 노래자랑에 이어 장기자랑, 흘러간 그 시대의 팝송과 유행가를 틀어놓고 '고고'와 '디스코'를 짬뽕으로 연출하는 시간은 가라앉은 밤공기를 후끈하게 데운다. 해산물과 고기에 맥주와 소주가 혼합된 위장이 시간을 버무려 장년들은 틴에이저가 되어 고고와 다이아몬드스텝을 밟으며 현재를 망각한다. 자신을 잊고 또 다른 자신을 찾아가는 것이다.

그때로 돌아가자

■ 수학여행지 돌아보기

　수학여행에 나선 장년들은 20여명씩 반을 구성해 리더로 지정된 담임선생님을 따라 역사 속으로 걸어들어간다. 까마득하게 높아 보였던 첨성대는 보잘것 없는 높이로 낮아져 있다. 초가집은 사라지고 흙먼지 날리는 비포장도로도 없지만 기억은 어깨동무하고 찍어대던 흑백사진을 자꾸 찾아낸다. 첨성대는 전국의 어느 학교를 막론하고 찾았던 수학여행의 필수답사지다.

계림은 여전히 울창한 숲으로 둘러쳐져 있다. 월성의 허물어진 담장을 지나 한여름에도 시원한 바람이 쏼쏼 나오는 석빙고도 돌아보기로 한다. 야경이 더욱 아름다운 동궁과 월지를 둘러보고 불국사로 올라간다.

"불국사의 종소리 들리어 온다~ 지나가는 나그네야 걸음을 멈추어라…"
신라의 달밤이 저절로 흥얼거려지는 불국사. 50년 전이나 지금도 변함없는 최고의 포토존인 청운교와 백운교 앞은 여전히 촬영팀이 "김치"를 단체로 깨물고 있다.

박물관으로 들어서면 영원히 울음을 멈춘 '성덕대왕신종'이 침묵을 지키고 있다. 신라 천년의 비밀을 누설하지 않으려는 고집을 보게 된다. 신라 태동기와 불교중흥, 통일신라시대, 고려와 조선으로 이어지는 역사의 흐름을 유물로 읽는 국립경주박물관에서는 해설사를 동행하여 구수한 이야기를 듣게 된다.

첨성대, 불국사, 다보탑, 석가탑은 40~50년 전의 모습 그대로다. 변한 것은 세월이 아니고 수학여행객이다. 대머리가 되기도 하고 반백으로 변했으며 주름살이 굵게 파였다. 하지만 그때 그 자리에서 기념촬영하는 폼은 똑 같다. 다시 청춘이 되어본다.

반장의 러브샷

말타기

친구 아이가

여고시절

■ 청춘을 돌려다오

무궁화 꽃이 피었습니다

　나이들어서 하는 '추억의 앵콜 수학여행'을 꿈꾸는 장년들이 늘어나고 있다. 아버지로, 직장인으로, 사회를 지탱하는 구성원으로, 자랑스런 국민으로 살기에 바빴다. 세월을 잊고 살아온 날들을 돌아보니 어느새 50대, 60대 나이로 얼굴마다 주름살이 고속도로를 긋고 있다. 어깨도 아프고, 허리도 쑤신다. 마음은 아직 청춘인데 산천을 누비던 근력은 형편없이 늘어지고 쇠약해져 버렸다.
　청춘을 누구에게 돌려달라 하소연 할 수도 없다. 내가 찾아나서야 한다. 청춘으로 누비던 곳을 찾아 당시 흔적을 더듬어 마음속으로 돌아가는 길을 내보는 것이 '추억의 수학여행'일 것이다.
　영덕군 지품중학교 5기 동기생들이 '추억의 수학여행'을 기획하고 있다. 초등학교, 중학교, 고등학교에 다니면서 수학여행을 모두 경주에서 경험한 장년들도 허다하다. 낼모레면 60이 되는 장년들이 청춘을 찾아 떠나는 앵콜 수학여행을 기획하고 있다.
　새총쏘기, 닭싸움, 고무줄놀이, 말타기 등의 이벤트를 짠다. 저녁에는 반별 디스코타임을 가지고 고고대회를 열 계획이다. 노래자랑은 물론이다. 깜짝 고백하기 시간도 마련한다. 그때는 말하지 못했던 고백을 비롯해 나만이 알고 있는 진실을 털어놓는 시간으로 화해도 하고 첫사랑 공개의 시간도 갖는다. 까마득하게 잊혀져가는 추억을 발굴해 삶의 활력소를 찾는다. "마고산 우뚝솟아 동해를 바라고 햇빛 밝은 푸른 언덕 우리의 배곳… 중략… 슬기롭게 갈고 닦는 지품중학교" 교가를 다시 불러보는 시간을 통해 또 우정을 두텁게 하면서 삶에 기름칠을 해볼 계획이다. 다시 어깨동무를 찾고, 추억을 되새김질하면서 또 다른 추억을 만들어 살아가는 의미에 더하기를 해보는 것이다.

추억의 수학여행은 신라문화원 홈페이지를 찾아 운영진과 협의를 통해 다양하게 기획 추진할 수 있다. 신라문화원은 남, 여 교복을 충분하게 준비해

신라의 달밤

대릉원에서

고고타임

두고 있다. 24인치부터 40인치까지 사이즈별로 다 있다. 참가비용은 1인당 10만 원 정도로 상품에 따라 달라질 수 있다.

다시 교복을 입고, 타임머신을 타고 떠나는 추억의 수학여행을 통해 청춘을 돌려받아보는 것도 훌륭한 생각이지 싶다.

기념촬영

■ 신라문화원 진병길 원장

"이제는 문화재 관람 중심의 수학여행에서 탈피해야 됩니다. 직접 문화적 체험을 하면서 정서적으로 동질감을 느끼는 감성여행을 곁들여야 됩니다"는 것이 추억의 수학여행과 달빛걷기 등의 프로그램을 기획 운영하는 신라문화원 진병길 원장의 이야기다.

진병길 원장의 경주사랑은 남다르다. 천년을 버텨온 문화재들을 그냥 보고 즐기기만 하는 것이 아니다. 문화재돌봄이사업단을 만들어 지역의 문화재를 가꾸는 사업을 추진하고 있다. 경주뿐 아니라 전국적으로 문화재를 지키고 가꾸어가는 사람들의 모임을 결성해 회장을 맡아 운영하고 있다.

진 원장의 문화재에 대한 애틋한 사랑이 문화재를 테마로 한 다양한 프로그램을 떠올리게 했다. 정기적으로 다양한 문화재 주변을 청소하고, 보수하고, 찾아내어 가꾸어가는 사업을 전개한다. 이어 이를 사랑하면서 함께 살아가는 방법을 찾는다. 지난해 지진과 태풍으로 문화재가 허물어져내렸을 때 진 원장은 전국의 문화재돌봄이들을 불러 모았다. 팔을 걷어붙이고 문화재 보수작업에 매달렸다.

신라의 달밤

진병길 원장

그의 문화재 사랑하기는 시간이 지나면서 소문이 나서 전국 각지에서 관심을 보이면서 동참하는 사람들이 늘어나고 있다. 무열왕릉 뒤편의 쉰등마을에는 새롭게 찾아낸 고분의 수가 헤아릴 수도 없이 많다. 우거진 대나무숲을 제거하고 문화재로 번듯하게 가꾸고 있다. 고분군 일대에 구절초를 대거 심어 화단을 조성해 새로운 볼거리를 만들었다.

진 원장의 문화재사랑법이 통하고 있다. 문화재와 함께 살아가는 모습들이 생활화 되고 있다. 달빛걷기와 추억의 수학여행 등의 프로그램이 활성화 되면서 경주의 경제도 살찌고 있다. 추억의 수학여행 프로그램에 참여하는 사람들만 이제는 연간 6천여명을 넘어서고 있다. 그의 문화재사랑은 대통령상, 한국관광의 별 등의 표창을 받으면서 모두가 인정하고 있다.

진병길 원장은 "국민들이 우리의 역사를 이해하고, 문화재를 아끼고 사랑하는 마음을 가질 때 새로운 문화의 창달과 함께 선진문화국민으로 발전하게 될 것"이라며 "문화재를 아끼고 가꾸는 사업과 문화재를 소재로 하는 체험프로그램을 지속적으로 개발 운영하고 싶다"고 말했다.

쉰등마을 구절초

쉰등마을 구절초

  아침 저녁으로 바람이 차게 느껴진다. 들에는 벌써 추수가 시작돼 황금들판이 군데군데 이빨이 빠진 듯하다. 경주의 낮은 산에도 울긋불긋 단풍이 들어 등산객들의 옷차림과 함께 화려하게 꽃을 피우고 있다. 역사문화도시 경주에는 문화재와 함께 다양한 꽃들이 어우러져 가을 단풍객들을 유혹한다. 긴 연휴에 이어 주말 짧은 휴일에도 경주는 곳곳이 정체로 혼선이 빚어지고 있지만 모두 즐거운 표정들이다.

  무열왕릉과 진흥왕릉 등의 고분들이 군락을 이루고 있는 선도산에는 구절초가 피어 한창이다. 신라문화원은 고분과 문화재가 즐비한 서악동 삼층석탑 주변에 구절초를 심고, 꽃이 만개하는 시기에 맞춰 음악회를 열어 방문객들에게 특별한 가을정취를 선물하고 있다.

  무열왕릉, 진흥왕릉, 문성왕릉, 실성왕릉 등의 왕릉과 이름 없는 헤아릴 수 없이 많은 고분, 서악동 삼층석탑 등의 문화재와 어우러진 구절초동산을 배경으로 음악회가 열리는 쉰등마을로 힐링여행을 떠나본다.

■ 서악동 쉰등마을

　경주시 서악동 선도산 아래 자연부락을 쉰등마을이라 부른다. 쉰등은 쉰개의 높은 고개, 왕릉과 같은 고분이 50기나 된다고 하여 붙여진 이름이다. 선도산 자락은 마을이 자리하고 있는 발뿌리부터 작은 동산으로 울룩불룩하다.
　서악은 서쪽의 산이다. 신라시대 왕궁이 있었던 곳을 중심으로 서쪽 방향에 있는 산이다. 서쪽은 해가 지는 곳, 죽음의 장소를 뜻하기도 한다. 서방정토라는 말이 방향에서 비롯되었다면 서악도 같은 의미일 것이다. 쉰등마을은 서악의 상당부분을 차지하고 있다. 정확하다고 믿는 사학자들은 거의 없지만 신라 왕들의 이름표를 내건 왕릉들이 즐비하고, 왕릉급의 고분 30여기가 군락을 이루고 있는 마을이다. 쉰등마을 사람들은 큰 무덤이랄 수 있는 고분 옆에 삶의 둥지를 틀고 있는 것이다. 높은 고분이 시가지 중심에 위치해 있고, 고분 주변에 집을 짓고 살던 경주사람들의 정서는 고분을 무덤이라기보다 문화재와 같은 삶의 일부분으로 자연스럽게 받아들이고 있기 때문일 것이다.
　최근에는 문화재를 사랑하는 사람들이 고분군이 있는 문화사적지를 정비하고 가꾸면서 방문객들이 부쩍 늘어나고 있다. 마을 뒤로 우거진 대나무를 7년

서악 삼층석탑

간 지속적으로 제거하면서 쉰등마을에 보이지 않던 고분이 여기저기에서 모습을 드러내고 있다. 지난해만 해도 3기나 추가로 발견됐다. 지금은 뚜렷한 봉분으로 그 모습을 드러내고 있다. 내년이면 문화재돌보미들이 잔디를 입힐 계획이다.

쉰등마을 입구에서부터 무열왕릉이 크게 자리를 잡고 있다. 그 뒤로 3기의 왕릉급 고분이 선도산 정상 방향으로 나란히 엎드려 있다. 무열왕릉 앞에는 김인문 묘와 김양의 묘로 이름지어진 고분이 높이 솟아있어 눈길을 끌고 있다. 서악서원과 도봉서당이 지키고 있는 마을 뒤로는 진흥왕릉, 문성왕릉, 실성왕릉의 안내표지판을 앞세운 고분이 있어 사학자들의 발걸음이 잦은 편이다. 그 주변으로는 얼핏 둘러봐도 20여기의 고분들이 듬성듬성 이웃해 있다. 신라시대 왕족, 귀족들의 공동묘역이었다고 추정하게 한다. 쉰등마을 이름이 붙은 내력에 수긍이 간다.

■ 쉰등마을 구절초동산

지난해부터 구절초를 심어 서악동 삼층석탑 주변은 완전히 구절초 동산이 되었다. 9월부터 11월까지 하얗게 소금바다를 이룬다. 신라문화원 문화재돌봄사업단의 지속적인 문화재 정비활동이 일구어낸 결과물이다.

새로 발견된 고분

동편 산책길

산책로 아카시아 침목 계단

  내년이면 구절초동산의 면적은 크게 확장된다. 동쪽으로 대나무숲을 베어내고 진달래와 구절초를 심고, 군데군데 벤치를 설치해 쉼터를 조성했다. 없던 산책로가 생겨 방문객들이 하나 둘 늘어나고 있다.
  무열왕릉을 끼고 마을로 들어서는 진입로부터 구절초가 하얀 웃음으로 반긴다. 구절초는 구일초(九日草) 또는 선모초(仙母草)라고도 한다. 구절초라는 이름은 음력 9월 9일에 채취해 말리고 약으로 또는 차로 만든다고 하여 구절초라고 이름 붙여졌다는 설이 있다. 또 마디가 아홉 개이기 때문에 구절초라는 설, 음력 9월 9일 중양절에 아홉 마디가 된다고 해서 구절초라 부른다는 설 등이 있다. 보통 키는 50㎝ 내외이고, 땅속줄기가 옆으로 길게 뻗으면서 번식한다. 잎은 난형 또는 넓은 난형이며 끝이 뭉툭하고 가장자리가 다소 갈라지거나 톱니 모양이다.
  구절초 꽃은 9월부터 11월 사이 비교적 오래 피어 있는 꽃이다. 담홍색 또는 백색으로 피고 열매는 수과로 모양이 작고 익어도 터지지 않으며 한 개의 씨를 가진다. 높은 지대의 능선에서 군락을 형성하여 자라지만, 들에서도 흔히 자란다. 우리나라에는 전국적으로 분포되어 있으며 일본과 대만, 중국에도 분포한다.

구절초는 꽃이 아름다워 관상용으로 가치가 높아 조경용으로도 많이 재배된다. 또한 예로부터 월경 불순, 자궁 냉증, 불임증 등의 부인병에 약으로도 쓰였다.

쉼등마을의 구절초는 문화재와 어우러진 문화관광자원으로 경주지역 경제를 살리는 약초로 피어나고 있다. 복잡하고 바쁜 삶에 찌든 현대인들에게 신선한 공기를 공급하는 에너자이징으로 기능한다.

신라의 달밤

산책길

동편 산책길

산책로 고분 뒤

■ 구절초 음악회

　신라문화원이 구절초 흐드러진 서악동 삼층석탑 앞에서 '구절초달빛음악회'를 14일과 21일 주말을 기해 연거푸 열었다.
　"산모퉁이 바로 돌아 송학사 있거늘......" 오래된 가수 김태곤이 젊은 척하고 노래를 불러 중장년들을 추억에 젖게 한다. 구절초를 소재로 작사 작곡한 신곡을 소개하기도 했다. 국악과 난타를 혼합한 퓨전음악이 신명나게 방문객들의 가슴을 마구 두드려 흔들었다.
　"바람에 별이 떨어지고 어둠만이 밀려오면/ 지난날 아름답던 꿈들 슬픔으로 내게 다가와/ 행여나 발자국 소리에 창밖을 보며 지샌 밤/ 내 가슴 멍을 지게 해도 나 그대 미워하지 않아/ 나의 작은 손에 초하나 있어 이밤 불 밝힐 수 있다면/ 나의 작은 마음에 초하나 있어 이밤 기도할 수 있다면/ 촛불잔치를 벌려보자 촛불잔치야......" 달빛 아래 촛불잔치가 열렸다. "부슬부슬 비마저 내리면 울음이 터질 것만 같아/ 그 사람 이름을 되뇌이다 하얗게 지새우는 밤/ 새벽바람에 실려오는 저 멀리 성당의 종소리/ 나 무릎 꿇고 두 손 모아 그를 위해 날 태우리라/ 나의 작은 손에 초하나 있어 이밤 불 밝힐 수 있다면....."
　'촛불잔치'를 불러 7080세대들의 인기를 모았던 이재성 가수가 60이 되어 구절초 잔치에 나타나 다시 중장년들의 마음에 촛불을 지폈다. 쉰등마을이 해가 지면서 다시 촛불잔치, 구절초잔치로 환하게 밝아진다.

조명에 석탑이 하얗게 빛을 반사하면서 구절초와 조화를 이룬다. 때 아니게 고성능 스피커가 메아리를 울리는 음악회로 쉰등 속에 잠든 영혼들은 즐거웠을까 아니면 귀찮아 귀를 막았을까 궁금하다.

한밤의 음악회

음악회에 몰려든 인파들은 삼삼오오 구절초 꽃동산을 산책하다 온갖 포즈로 기념촬영을 한다. 구절초를 보러 왔다가 음악회까지 덤으로 즐기는 발걸음도 많은 듯하다. 구절초와 음악회는 쉰등마을을 전국에 알리는 나팔수가 되었다. 울산, 부산, 대구 등지의 가까운 도시는 물론 수원, 남양주, 서울 등등의 멀리 있는 대도시에서도 구절초를 보러오는 이들이 심심찮게 눈에 띈다.

■ 문화재와 문학을 사랑하는 사람들

언제부턴가 쉰등마을에 문학을 하는 작가들이 하나 둘 모여들어 문학마을이 되고 있다. 경주지역에서는 알아주는 수필가로 손꼽히는 안병태 작가가 공직에서 은퇴하며 도봉서당 앞에 근사하게 한옥을 지어 창작활동으로 제2의 삶을 살고 있다. 또 경주문예대학과 동리목월아카데미에서 공부해서 전국 문학상을 휩쓸고 있는 김일호, 김광희 부부시인도 쉰등마을에 자리잡고 있다.

모두 신춘문예 출신으로 쉼등마을에서 시인의 뜨락 민박을 운영하며 문학을 전파하고 있다. 황명강 시인, 구영숙 시인 등등 경주에서는 꽤나 알려진 문인 10여명이 하나 둘 거주하면서 이제는 쉼등마을이 문학동네로 불린다.
　황명강 시인은 인터넷 언론매체를 경영하는 언론인이기도 하면서 가수 뺨치는 노래실력으로 크고 작은 무대에 초청을 받기도 한다. 구영숙 시인은 시집을 발간하는 등 활발한 창작활동으로 지난해 경주문학상을 수상하기도 했다. 이러한 재간둥이 문인들이 가끔 쉼등마을에서 시낭송회를 겸한 작은 음악회를 열어 문화의 꽃을 피우기도 한다. 쉼등마을 문인들이 경주문화를 살찌우는 한 축을 담당하고 있다는 평을 듣기도 한다.
　쉼등마을에 구절초동산을 꾸민 사람은 신라문화원 진병길 원장이다. 진원장도 쉼등마을 가운데 한옥을 짓고 삶의 터전을 꾸리고 있다. 진병길 원장은 우리나라 문화재돌봄사업의 중심인물이다. 전국 문화재돌봄사업단의 단장을 맡고 있으면서 자신이 살고 있는 마을의 문화재를 돌보는 사업을 게을리 할 턱이 없다.
　진병길 원장은 "경주는 물론 우리나라는 문화재를 정비하고 가꾸어 아름다운 정서를 넉넉하게 공급하면서 산업자원화 해야 된다"고 강조한다. 이러한 맥락에서 그는 문화재돌봄사업단을 꾸려 대나무 숲에 감춰진 쉼등마을의 문화재들을 문화자원으로 일구고 있다.

사람들이 드나들 수 없었던 대숲을 정리해 문화재 구역을 확장하고, 구절초와 진달래 등으로 화단을 조성하고 있다. 또 전망 좋고 그늘진 곳에 벤치를 설치해 문화공원으로 꾸미고 있다. 문화재구역에서 음악회를 열어 사람들에게 즐길 수 있는 공간을 제공하고 있다.

신라의 달밤

마을전경과 새로운 고분

쉰등마을이 문학과 문화재를 사랑하는 사람들의 노력으로 경주의 새로운 문화자원으로 부활하고 있다. 전국 각지에서 힐링을 즐기려는 사람들의 촉수에 걸려들어 방문객들이 부쩍부쩍 늘어나고 있다. 구절초동산 주변에 아직 크게 알려지지 않은 주상절리계곡, 마애석불상과 성모설화 등 쉰등마을의 또 다른 힐링자원은 다음호에 소개하기로 한다.

자전거로 보는 역사의 길

경주 해파랑길
물길 따라 전설 따라
신라의 흥망성쇠
김유신장군 탐방길
문무대왕로
삼국통일의 향기

양남 하서리 자전거길

 ## 경주 해파랑길

    경주의 역사를 읽는 일은 더위를 잊게 한다. 자전거를 타고 사적지를 돌아보는 것은 걷거나 자동차로 다니는 것보다 여러모로 용이하다. 두 개의 바퀴가 주는 편리함이 오늘은 물론 천 년 이전까지 세세히 들여다 볼 수 있어 더욱 알차다. 자전거가 타임머신이 되는 것이다. 천년 역사를 찾아가는 경주 힐링로드 천리길을 자전거로 돌아보기로 한다.

    경주지역의 자전거 투어코스는 일반지역에서는 맛볼 수 없는 경주만의 무엇이 있다. 시가지의 역사문화자원과 변두리에 산재한 문화재, 계절별로 변신을 시도하는 역사도시 경주의 얼굴들을 속속들이 들여다 볼 수 있어 좋다. 봉황대에서 대릉원, 황룡사, 월성과 첨성대, 계림, 경주박물관, 교촌한옥마을, 오릉 등등 시가지를 가볍게 돌아보는 코스에서도 엄청난 역사문화를 만날 수 있다. 그리고 보문단지와 낭산 가는 길 등의 외곽지 투어코스는 시원한 하이킹의 맛을 제대로 느끼게 한다.

특히 부산 오륙도에서 부터 동해안길을 바다와 연접해 고성 통일전망대까지 이어지는 해파랑길 경주구간의 풍경은 달리는 걸음에 브레이크를 수시로 걸게 한다. 바퀴 두개로 읽는 경주의 하이킹코스를 10구간으로 나누어 달려본다.

경주시는 부산에서부터 시작하는 바닷가를 끼고 강릉으로 이어지는 해파랑길을 자전거로 달릴 수 있게 조성했다. 관성에서부터 감포로 이어지는 38㎞, 두 시간 반 거리의 경주 해파랑길을 먼저 읽어본다.

자전거로 보는 역사의 길

■ 경주 나폴리를 읽다

여행은 무엇으로 하는가에 따라 그 맛의 차이가 있다. 기차를 타고 떠나는 자신만의 추억에 빠지는 여행에서의 여운이나 승용차로 제멋대로 달리다 멈추어 쉬어가는 자유도 좋다. 하지만 걷기보다는 편하게 나아가며 좀 더 넓고 깊이 있게 보는 동시에 바람과 햇살을 피부로 직접 느끼는 자전거 하이킹이 그 중 으뜸일 것이다.

울산과 경계를 이루는 지경, 경주의 관문인 관성으로 자전거를 타고 들어서면 호흡이 편해진다. 시원하게 트인 바다가 가슴에 와락 직접 와 닿으면서 맑고 시원한 푸른 공기를 선물하기 때문이다. 예부터 사람들이 몰려들었던 관성해수욕장의 붐비는 풍경에 사람 사는 맛을 느끼며 패달에 힘을 뺀다. 내리막이어서 자연스럽게 굴러가며 바람이 온 몸을 관통해 지나간다. 내리막이 끝날 즈음 직진방향으로 이어지는 자동차도로에서 벗어나 오른쪽으로 방향을 전환해야 된다. 경주의 나폴리 수렴항이 그곳에 있기 때문이다.

주상절리 전망대

읍천항 벽화길

봉고차 크기의 작은 배들이 찰방찰방 물소리를 내며 항구에 정박하고 있다. 섬 같은 바위들이 항구를 에워싸고 저마다 인물자랑이라도 하듯 들쑥날쑥 다른 키 높이로 파도를 온몸으로 맞고 있다. 바다 속에서 불쑥 솟아오른 것도 같고, 바다로 뛰어들어가다가 멈추어 선 것도 같다. 갈매기들의 흔적이 하얀 페인트로 도색된 바위는 늙은이의 형상이기도 하지만 멀리서 보면 파도가 바위산을 훌쩍 뛰어넘는 모습이기도 하다. 머리 위에 푸른 소나무가 자라고 있는 바위는 육지를 향해 걸어 들어오는 것 같기도 하고, 바다를 향한 애타는 무슨 사연이 담긴 망부석처럼 보이기도 한다.

해변 송림

수렴항에서 영원히 머물고 싶은 마음은 빨리 내려놓고 페달에 힘을 가해야 된다. 쥐라기시대에 형성된 육각, 또는 오각형의 바위기둥들이 눕거나 비스듬하게 서서 빚어내는 천상의 풍경이 전개되기 때문이다. 이름하여 양남 주상절리군이다. 천연기념물로 등록되면서 국내는 물론 세계 관광인파가 몰려드는 경주의 명소가 되어버린 파도소리길이 시작되는 아름답기로 유명한 코스다. 장사꾼들이 이를 놓칠 리가 없다. 온갖 모양으로 디자인한 카페와 레스토랑, 펜션들이 신비로운 이름의 간판을 달고 천연의 비경을 감상하기 좋은 곳에 자리잡고 손님들을 유혹해댄다. 까페라떼를 주문하고 창가에 턱 앉으면 다시 일어나고 싶은 생각이 사라진다. 현해탄을 건너 온 해풍이 청솔가지에 스며들어 몸을 일으키며 세상을 흔들고, 시나브로 날아오르는 갈매기들은 오만가지 생각을 불러일으킨다. 순간 그 자리에서 망부석 되어 떠나야 한다는 생각조차 조차 잊어버린다.

　다시 자전거를 찾아 갈 길을 서둘러보지만 해풍을 맞으면서 지붕을 지키는 읍천항의 담벼락은 온갖 고달픈 삶의 형태와 세계 각국의 아름다운 풍경을 그림으로 재현하며 눈길을 사로잡는다. 풍경도 그림이고 그림은 또 다른 풍경이 되어 가는 길을 막아서는 것이다.

■ 원자력발전소를 돌아

　가까스로 읍천항에서 빠져나오면 하서리의 고향마을 같은 숲길과 항구가 바다와 접해 이어진다. 할매바위에서 그만 바다풍경에 넋을 잃고 자전거를 세워두고 해변으로 걸어 들어가 본다. 올망졸망 바위들이 마을을 이루고 있는데 태풍이 잠든 날에는 파도소리가 자분자분 온갖 이야기를 사설로 풀어놓는다. 세월을 낚으려 추를 던지는 강태공들은 쉴 사이 없이 달려드는 입질에 그만 세월을 잊고 자신마저 잃어버리기 일쑤다. 이곳을 그냥 지나치기는 어렵다. 가족단위로 아니면 친구, 연인들끼리 텐트를 치거나 자리를 깔고 앉아 고기를 구워댄다. 배고픈 사람은 접근을 삼가는 것이 좋겠다.

정신을 차리고 페달을 밟는데 하서리 송림으로 이어지는 해파랑길은 위험하다. 자전거길을 도색으로 그려두고 있지만 이곳의 아름다운 풍경이 많이 알려진 터라 몰려든 관광객들이 도로변에 주차하는 바람에 자전거길은 주차장이 되어버리고, 자동차도로는 편도 일차선으로 꽉 좁혀들어 자동차들의 교행조차 어려워 자전거 하이킹족들은 주변 풍경에 정신 팔 겨를이 없다.

고아리 자전거길

오르막길을 한참 올라 다시 느긋하게 해풍을 만끽하면서 페달을 밟는다. 멀리 둥근 지붕들이 낯설게 다가온다. 정부에서 배척하려는 원자력발전소의 둥근 지붕패션이 조형물처럼 바닷바람을 맞고 있다. 원전으로 이어지는 해변에는 깨알 같은 모래알이 길게 포진해 놀기 딱 좋다. 여기저기 텐트들이 밀집해 아파트촌을 연상케 하고, 해변에서 낚시를 즐기는 인파와 철없이 뛰어다니는 아이들의 놀이는 원자력발전소의 위험과는 전혀 상관없어 보인다.

원자력발전소 정문 앞을 지나면서 해안길과는 잠시 거리를 두게 된다. 원전이 들어서면서 안전거리를 확보해야 하는 법률적인 문제 때문에 자동차는 터널 안으로 들어가버리고, 자전거와 경운기는 내륙으로 크게 돌아가는 우회도로를 타야 된다. 돌아나오며 다시 바다를 조우하는 길에서는 감은사지 삼층석탑과 이견대를 만난다. 신라 삼국통일의 기원을 이룩한 문무대왕과 신문왕의 전설들이 서린 곳이다.

■ 등대박물관

바다는 항구를 만든다. 항구에는 등대가 필수 구조물이다. 등대는 희망이다. 항구에는 희망이 늘 파도친다. 항구마다 정박하고 있는 배들의 쉼에는 거친 삶의 여정이 잔잔한 파도를 출렁이게 한다. 이정표마다 어김없이 사람들이 몰려드는 항구는 스스로 정화하면서 다시 도전할 장도를 꿈꾸는 텃밭으로 기능한다. 등대를 남겨두고 떠났던 걸음 다시 등대를 좌표로 회귀하는 되돌이표 여행이 쳇바퀴로 구르며 저마다의 삶을 일구어 간다. 항구에는 그러한 다양한 삶이 머물고 있다.

대본 마을길

경주의 입구인 수렴항에서부터 읍천항, 대본항, 전촌항, 감포항까지는 아늑한 공간을 형성하면서 들어오고 나가는 정문의 파수꾼처럼 등대가 서있다. 특히나 감포항은 온갖 종류의 등대들이 전시장처럼 들어선 등대박물관이다. 일제강점기에 수동으로 조작해야 했던 등대와 감은사지 삼층석탑 모형으로 세운 등대, 붉게 색칠한 야한 등대, 하얗게 파도색으로 변신을 시도하는 감포항구등대, 바다 깊숙한 곳에 섬처럼 세워진 노란 등대 등등 7개의 등대가 밀집해 있다. 이곳이 지명조차 맛깔스런 송대말등대다. 해풍을 막아선 소나무들이 우거져 숲을 이루고 있고, 등대들이 해풍림처럼 둘러 서 있는 마을이다.

　송대말은 경주 감포와 포항 양포의 경계를 이루는 지점이다. 일제강점기의 흔적들도 곳곳에 묻어나는 곳으로 경치 또한 빼어나 감포사람들은 손님들을 곧잘 이곳으로 안내한다. 감포의 자랑거리인 셈이다.

　감포항을 깊숙하게 둘러볼 수 있게 자전거길이 나있고, 항구를 따라 다시 바다 속으로 뛰어들 듯 동해로 깊이 길이 나있는 곳이어서 자전거 하이킹족이든 드라이브를 즐기는 여행객이든 송대말에서는 일단 쉬어가는 것이 습관처럼 되어 있다. 등대들이 간직하고 있는 역사를 엿보며 아름다운 경치에 빠져 잠시 땀을 훔치려던 하이킹족의 마음은 바다로 점점 깊숙이 빠져드는 곳이기도 하다.

나아리 우회도로

■ 자전거코스를 개발한 경주시청 윤병록 팀장

경주시청 윤병록팀장

   경주시는 풍부한 역사문화자원을 그냥 내버려두지 않는다. 많은 사람들이 편안하게 둘러 볼 수 있도록 다양한 투어코스를 개발해 방문객들을 유혹한다. 버스와 승용차로 둘러보는 시티투어 개발에 이어 자전거로 둘러보는 자전거투어코스도 10코스로 압축 지도로 제작했다.

   경주시청 윤병록 팀장은 "경주시를 알뜰하게, 재미나게 둘러볼 수 있도록 '경주 자전거투어 추천코스'를 지도로 제작해 보급하고 있다"고 소개하면서 경주를 보다 알차고 재미나게 둘러보는 팁으로 귀뜸했다.

   윤 팀장은 "경주 자전거투어코스는 경사가 완만한 평지로 조성돼 누구나 쉽게 즐길 수 있으며, 곳곳에 자전거대여소가 있어 편리하다"면서 "자전거투어코스를 난이도와 지역별, 문화탐방과 레저로 구분해 10개의 코스로 개발했다"고 설명했다. 이어 "지도로 제작된 코스를 통해 취향과 자전거 숙련도에 맞는 코스를 선택할 것"을 추천했다.

   경주에서는 굳이 지정된 코스가 아니라도 자전거 핸들에 방향을 맡기고 바퀴가 구르는 대로 달려도 교과서에서나 접했던 문화유적들을 만나고 여유롭게 탐구하면서 직접 둘러볼 수 있다. "봄에는 꽃눈이 날리는 아름다운 벚꽃길을, 여름과 겨울은 역사문화에 채움과 비움의 서로 다른 의미를 부여하고, 가을에는 붉고 노란 단풍이 가득한 경주를 달리며 천년의 역사를 느낄 수 있다"고 입이 마르게 경주를 자랑한다.

윤 팀장은 "전국 아름다운 자전거길 100선에 선정된 경주코스가 있다"고 알려준다. 경주시가지를 벗어난 외곽지의 김유신장군묘, 오릉, 포석정, 삼릉을 들러 신라역사와 함께 자연에서 힐링을 체험하고 문화사적지가 몰려있는 교촌한옥마을, 대릉원, 첨성대, 동궁과 월지에 이르는 4.5키로 코스가 그곳이다. 비교적 짧은 코스이지만 계절에 상관없이 다양한 경주의 모습을 즐기면서 삼릉이나, 포석정 주변과 첨성대 일대의 다양한 음식메뉴를 선택할 수 있어 좋다는 것.

감포에서 양포로

"경주시는 동해안자전거 경주코스인 울산광역시 경계지점 지경교차로, 양남 수렴리에서 포항시와의 경계 감포 연동마을까지 38㎞ 구간에 자전거 인증센터를 3개소 정도 설치할 계획"이라고 윤 팀장은 밝혔다. 이어 "매년 주기적으로 방치된 자전거를 정리하고, 경주시민공영자전거 운영, 자전거거치대 확충 등의 계획을 추진한다"고 덧붙였다.

윤병록 팀장은 또 국가에서 전국자전거네트워크사업을 추진해 자치단체에서 건설한 동해안 자전거길의 유지보수비 국비 지원이 필요하다는 건의사항도 슬쩍 흘렸다.

자전거로 보는 역사의 길

 **물길 따라 전설 따라**

  경주 시가지를 돌아보는 일은 신비롭다. 천년 훨씬 이전의 시간들이 현재에도 살아 있는 듯한 착각을 하게 하는 흔적들이 수시로 눈에 띈다. 경주의 맛은 아무래도 천년을 이어온 신라시대 이후부터 생성된 문화유적 답사 길에 있다. 대부분 문화유적들은 흑백으로 탈색되었지만 오래 전 사실들을 고스란히 간직하고 있어 호기심을 자극한다. 역사의 흔적들은 시가지는 물론 외곽지로 이어지는 곳까지 밀집되어 있거나 듬성듬성 떨어져 있다. 그래서 자동차로 돌아보기보다는 자연풍경을 감상하면서 느긋하게 자전거 하이킹으로 탐방하는 것이 훨씬 알차고 재미있다.
  특히 경주 시가지에 위치하고 있는 황룡사와 분황사의 흔적, 첨성대와 월성, 동궁과 월지 등의 주요 신라왕경 유적을 탐방하는 시가지 코스는 자전거를 타고 천천히 돌아보는 것이 유적들을 빠뜨리지 않고 차근차근 살펴볼 수 있어 훨씬 유익하다.
  경주 시가지를 에워싸듯 흐르고 있는 형산강과 북천, 알천변으로 형성된 자

자전거길을 따라 전설을 살펴보고, 분황사 앞을 지나 황룡사, 동궁과 월지, 월성과 첨성대로 이어지는 동부사적지, 대릉원 돌담길을 자전거로 돌아본다.

■ 형산강줄기 따라

서천변의 자전거길

경주시외버스터미널 남쪽에는 자전거대여점이 여럿 있다. 아무 곳에서나 자전거를 빌려 타고 하이킹을 즐길 수 있는 곳이 경주다. 1시간에 3천원, 하루 종일 대여해도 7천원이면 된다. 친구나 연인과 함께라면 더욱 신명날 일이다. 경주자전거투어단에서 운영하는 하이킹 시간에 맞춰 신청해 참여하는 하이킹이라면 더욱 편안하다. 역사에 얽힌 재미난 이야기를 줄줄이 꿰고있는 문화해설사가 대동해 구수한 옛날이야기를 들으면서 쉬엄쉬엄 자전거로 돌아보는 하이킹은 생각만 해도 즐겁다.

　신호등을 건너 가볍게 제방길을 내려서면 시야가 확 트인다. 푸른 잔디가 눈이 부시게 형산강을 따라 끝없이 펼쳐져 있다. 강은 낮은 곳으로 흐른다. 바다가 있는 포항 방향으로 물길이 나 있고 그 옆으로 자전거길이 길게 조성돼 있다. 약간 내리막이다 싶게 형성돼 페달을 밟는데 힘이 들지도 않는다. 뜨거워도 자전거가 달리면서 일으키는 바람이 시원하다. 강변의 맑은 공기가 만드는 바람이라 가슴 속까지 정화시켜 머리도 청정해지는 느낌이 들게 한다.

행사가 있는 날에는 자동차가 들어오기도 하지만 평상시에는 자전거길과 걷는 길을 분리해 사고 날 일도 없이 안전하고 편안한 길이다. 하이킹하기에 가장 좋은 곳이라 해도 틀린 말은 아닌 듯하다. 2㎞ 남짓 자전거타기에 익숙해질 정도로 달리다보면 강 건너 아담하게 정자가 보인다.

조선시대 선비들이 글을 읽고 시를 읊던 금장대다. 경주시가 최근 운치있게 복원해 문화예술인들이 다양한 행사장소로 활용하고 있다. 날아가던 기러기가 주변 경치가 너무 좋아 넋을 잃고 바라보다 떨어진다는 일화로 '금장낙안'이라는 말이 전해져 내려오는 곳이다. 금장대 아래로 흐르는 물은 아무리 가뭄이 심해도 마르지 않는다. 사철 푸른 물이 넘실대며 흐른다. 경주 출신 문학의 거장 김동리 소설가의 '무녀도' 배경이 이곳이다.

문화해설사들도 여기에서 잠시 페달을 멈추고 금장대와 무녀도 이야기를 들려준다. 센스쟁이 김정자 해설사는 구수한 이야기를 풀어놓고 복습하는 의미로 퀴즈를 내고는 경주 남산 사진이 들어 있는 아름다운 엽서 등등의 선물을 나눠준다. 참여자들에게 경주를 추억할 수 있는 엽서선물은 덤이다.

> 자전거로 보는 역사의 길

알천공원의 자전거길

■ 알천에 서린 전설

　금장대에서 살짝 오른쪽으로 핸들을 꺾으면 또 다른 풍경이 이어진다. 경주 보문관광단지에서 형산강과 합류하는 북천, 알천이 길게 이어지면서 자전거길이 그대로 연결된다. 서천변의 자전거길 옆에 잔디를 입힌 운동장이 조성돼 한여름에는 전국초등학생들의 화랑대기축구대회가 열려 선수들과 응원하는 학부모들의 열기로 뜨겁다. 알천변에도 마찬가지다. 8월 햇살보다 뜨거운 축구열기가 경주의 공기를 달구고 있다.

　알천을 따라 상류로 올라가는 자전거길의 풍경은 양쪽으로 아파트와 건물들이 늘어서 있고 푸른 잔디에 야생화로 화단을 조성한 공원이 계속되면서 이색적인 풍경이 마음을 가볍게 한다. 곳곳에 벤치가 있고 꽃길이 형성돼 쉬고 싶을 때면 언제든지 자전거를 세워두고 쉴 수 있다.

　지금은 알천이 편안하게 흐를 수 있도록 물길을 만들어 양편에 제방을 높이 쌓아두고 있지만 신라시대에는 그렇지 못해 홍수가 나면서 인근주택가에 피해를 입는 일이 더러 있었던 모양이다. 역사서들은 알천 홍수를 여러 곳에서 기록하고 있다.

　선덕왕이 죽고 왕위에 오르기로 했던 조카 김주원이 알천이 범람해 궁궐로 들어오지 못하고 있을 때, 임금의 자리는 오래 비워두면 안된다는 구실을 들어 김경신이 왕위에 올라 38대 원성왕이 됐다. 김경신은 선덕왕 김양상과 손을 잡고 난을 일으켜 김양상의 4촌 혜공왕을 몰아내고 왕권을 찬탈한 공으로 상대등에 올랐다. 선덕왕이 된 김양상은 재위 5년 이후에 왕위에서 물러나려 했지만 신하들이 만류해 재위 6년에 병들어 죽었다고 삼국유사 등은 기록하고 있다. 그러나 일부 역사가들은 김양상과 김경신이 혜공왕을 몰아낼 때 5년 이후 왕권을 물려주기로 밀약했던 것이 지켜지지 않자 김경신이 술수를 부려

분황사

황룡사 앞

왕위에 올랐을 것이라 추측하기도 한다. 신라왕조사를 뒤바꾼 알천의 범람은 지속적으로 제방을 높이고, 상류에 덕동댐과 보문댐을 차례로 막아 알천의 범람은 이제 상상할 수도 없는 일이 되었다.

동해남부선이 알천 위로 굉음을 내면서 달려간다. 해설사가 들려주는 아득한 전설 같은 신라 왕들의 이야기는 기차소리에 퍼뜩 현실로 돌아오게 된다. 철로를 받치고 있는 기둥에는 은하철도 999를 베낀 벽화가 선명하게 그려져 있어 눈길을 끈다. 다리가 만든 그늘에서의 여유와 앞에서 안기는 바람을 느끼는 것도 잠시 바로 분황사에 도착한다. 신라시대 백성을 위한 대중불교의 꽃을 피웠던 원효대사가 150여권의 책을 집필했던 산실이다. 지금도 모전석탑이 듬직하게 자리를 지키고 있으면서 옛날 '분황사' 이름을 그대로 살린 사찰이 향을 피우고 있다.

분황사 앞을 지나는 도로변에 데크로 만들어진 자전거 전용도로가 있어 휘파람 불며 편안하게 하이킹을 즐길 수 있다. 벚나무가 길게 가로수로 서 있고 그 아래로는 코스모스가 꽃을 피운다. 동쪽으로 넓게 펼쳐진 벌판이 황룡사가 있었던 터다. 황룡사역사문화관이 들어서 황룡사의 역사와 신라사를 엿볼 수 있다. 황룡사9층목탑의 모형이 복원돼 볼거리로 등장해 경주지역의 초등학생

황룡사지 공터

과 유치원생들의 체험코스로 인기다. 넓은 황룡사터에는 개망초가 하얗게 피어 안개가 피어오르는 느낌을 준다. 안개꽃이 주는 몽롱한 의식에서 깨어나 서쪽으로 길을 건너면 동궁과 월지가 넓은 주차장 앞에 기다리고 있다. 역사 이야기로 푹 빠져들었다가 다시 현실로 돌아오는 것이다.

■ 동부사적지

동부사적지 코스모스길

　동궁과 월지에서 큰 길을 건너서면 연꽃과 황화코스모스가 꽃대궐을 이룬다. 물반, 고기반이 아니라 꽃반, 사람반이다. 특히 주말이나 공휴일이 되면 첨성대로 이어지는 동부사적지는 인산인해를 이룬다. 여름철 야생화단지에도 꽃무릇, 금잔화 등이 한창이어서 사적지와 함께 새로운 경주의 명물로 자리매김하고 있다. 전국에서 몰려온 관광객들의 사진찍는 모습이 본래 그 자리에 있었던 풍경인양 익숙하게 눈에 들어온다. 사잇길로 줄을 지어 달리며 하이킹을 즐기는 부류도 자연스럽게 하나의 풍경이 된다.

　경주 동부사적지의 다양한 꽃들은 군락으로 피어 화단이 되고, 화단은 또 첨성대, 고분, 계림 등의 사적과 조화를 이뤄 공원으로 기능하며 전국민의 휴식공간이 되고 있다. 동부사적지에는 늘 문화축제가 이어진다. 여름철 주말에는 꽃밭속의 음악회가 다양한 공연을 펼쳐 여행객들의 발길을 잡는다. 또 천년야행 프로그램이 진행되면서 저녁까지 발길을 묶기도 한다.

가뭄 때문에 농작물이 제대로 자라지 못하는 때에도 동부사적지의 연꽃은 본래의 습지에서 넉넉하게 키를 키우며 화려하게 꽃을 피운다. 사람들은 꽃길 속으로 파묻힌다. 연꽃길이 끝나면 다시 황화코스모스가 금물결을 이뤄 첨성대쪽으로 길을 낸다. 끝없이 이어지는 꽃길을 따라 걷다보면 하지를 금방 지난 하루해도 짧게 느껴진다.

월성 방향으로 조롱박과 수세미가 주렁주렁 열린 생태터널이 만들어져 시원한 그늘을 선물하고 있다. 얼굴 크기 만한 박을 쳐다보며 기념사진을 찍어대는 사람들이 터널을 가득 메운다. 터널을 빠져나오면 천년 사직을 굳게 지켜왔던 월성의 언덕이 푸른 숲으로 마주한다. 낮게 엎드린 고분들은 푸른 잔디밭 끝에 위치해 풍경을 더욱 살찌운다. 비단벌레 모형으로 특수 제작된 비단벌레전동차가 관광객들을 태우고 역사를 부활시키며 달린다.

■ 대릉원 돌담길

첨성대에서 다시 서북쪽으로 페달을 밟으면 사극에서 만난 익숙한 돌담길이 나온다. 차도와 구분지어 담벼락에 연결된 자전거 도로는 고목이 된 벚나무가

시원하게 터널그늘을 만들어 달리기에 안성맞춤이다. 낭만적이다. 콧노래가 저절로 나온다. 사이가 불편했던 관계도 자전거를 타고 이런 곳을 달린다면 금방 풀어질 것 같다. 손잡고 걷는 사이라면 금방 어깨동무가 자연스럽게 될 듯하다. 대릉원 돌담길을 지나치다보면 어깨동무하고 걷는 연인들이 여기저기 눈에 띈다. 데이트코스로 강력 추천한다.

   대릉원 안쪽으로 30여기의 거대한 고분이 엎드려 신라 역사를 고증하고 있지만 담 하나를 두고 현실은 또 다른 역사를 만들어간다. 돌담길도 끝이 있다. 성덕대왕신종을 그대로 복원해 제작한 신라대종이 종각의 그늘에서 울음을 준비하고 있다. 노동과 노서리 고분군이 도심 속에 이질적이지만 친근한 풍경으로 공원을 조성하고 있다. 금관총, 식리총, 서봉총, 은령총, 호우총 등의 국사책에 나오는 익숙한 이름들의 고분들이 복원되지 못하고 평평하게 흔적으로 남아 있는 곳. 봉황대, 서봉황대, 이름 없는 고분들이 볼록볼록하게 몇몇 고목들과 조화를 이뤄 공원을 이루고 있는 곳. 을씨년스런 분위기를 주는 무덤이라고는 전혀 생각이 들지 않는, 경주사람들의 친근한 생활공간이자 관광객들의 아름다운 휴식공간으로 자리매김하고 있는 고분공원이다.

동궁과 월지

첨성대길

금잔화▲

자전거로 보는 역사의 길

생태터널▶

 자전거로 돌아보는 하이킹이 가장 이상적인 곳이 경주이지 싶다. 오르막 내리막이 없는 평지길을 편안하게 달릴 수 있어 좋다. 경치가 좋아 더욱 좋다. 재미있는 역사이야기가 풍부해서 또 좋다. 누구나 착한 가격에 자전거를 빌려 탈 수 있어서 더욱 좋은 곳이 경주다. 휴가는 경주에서 자전거 하이킹으로 선택해 보는 것도 좋을 듯하다.

태진지

신라의 흥망성쇠

 역사도시 경주의 속살을 들여다보는 일은 자전거 하이킹이 제격이다. 시가지 곳곳에 웅크리고 있는 역사문화유적들을 자전거로 찾아가는 일은 여반장이다. 특히나 신라가 하나의 국가로 출발하고, 삼국통일을 달성한 과정, 멸망에 이른 자취를 자전거로 더듬어보는 일은 새로운 그 무엇을 얻을 수 있는 탐방이 된다.

 경주에서 자전거 하이킹은 누구에게나 열려 있다. 맨 손으로 시외버스든 고속버스든 일단 경주행을 결심하면 끝이다. 고속버스터미널과 시외버스터미널 부근에는 자전거 대여점이 쉽게 눈에 띈다. 1시간에 3천원, 2시간 6천원, 하루 종일 대여해도 7천원이면 다 된다.

 이번 코스는 시외버스터미널에서 출발해 노서노동고분군을 왼쪽으로 곁눈질로 살펴가며 요즘 경주의 핫플레이스로 떠오르고 있는 황리단길을 가로지른다.

 이어 신라를 연 박혁거세왕의 무덤 오릉과 탄생지 나정을 둘러본다. 신라의 대표적인 불적이 남아 있는 남산의 서쪽을 달려 보물 당간지주, 창림사지삼층석탑, 논두렁길을 따라 포석정, 지마왕릉, 태릉지, 삼불사, 삼릉까지 돌아 다시 시외버스터미널로 복귀한다. 14㎞ 정도 짧은 거리지만 역사 문화유적들을 살펴보는 시간을 감안하면 3시간 코스로 무난하다. 경주 특산물로 자리매김하고 있는 황남빵과 경주빵, 찰보리빵 등의 빵집과 맛깔스런 음식을 자랑하는 식당이 즐비해 끼니를 놓칠 염려는 하지 않아도 좋은 코스다. 특히 돌아오는 길에 황리단길로 접어들면 갖가지 입맛을 유혹하는 오래된 멋을 가진 신세대들의 먹거리가 즐비하다.

자전거 출발

■ 신라 첫 왕의 탄생지와 무덤

오릉으로 가는 길은 처음부터 두 갈래로 갈라진다. 강변으로 돌아가는 길을 포기하고, 시가지를 통해 가는 길을 선택한다. 일단 자전거에 오르면 기분이 업 된다. 다소 복잡한 도심이지만 페달을 밟기 시작하면 바로 푸른 잔디동산 고분공원이 왼쪽으로 눈에 들어온다. 금관과 오만 귀금속 유물이 쏟아진 금관총, 서봉총, 호우총 등의 복원되지 않은 고분과 봉황대, 서봉황대 등의 큼직큼직한 고분들이 시선을 자극한다. 푸른 기운이 괜스레 기분을 상쾌하게 한다.

두 번째 네거리에서 오른쪽으로 접어들면 대릉원 담장을 따라 길게 이어지는 황리단길이 나타난다. 나지막한 단층의 집들이 이어지면서 더러는 오래된 옷을 그대로 입은 채, 듬성듬성 산뜻한 현대식 인테리어로 손님들을 유혹하는 감각적인 가게들이 눈길을 끈다. 천천히 직진해서 10여분 페달을 밟으면 숭례문이 나타나고 돌담길을 따라 오른쪽으로 핸들을 꺾으면 오릉이 대형 간판을 달고 옛날식 대문의 위용을 드러낸다.

남산 양산재

■ 남간사지와 창림사지

양산재에서 마을 깊숙한 곳으로 페달을 밟으면 오른쪽으로 넓은 들이 나온다. 들길을 따라 핸들을 남쪽으로 돌리면 돌기둥 두 개가 하늘을 향해 우뚝 서있는 것을 볼 수 있다. 보물 남간사지 당간지주. 보물 제909호로 지정된 장식 없이 높이 4m에 이르는 두 개의 바위기둥이 논 가운데 서 있다. 남간사에 대한 자세한 기록은 없다. 남간마을에서는 가장 규모가 큰 절이었을 것으로 짐작된다.

승용차 한 대가 겨우 다닐 정도의 좁은 농로가 아슬아슬하게 남쪽으로 이어져 있는데 작은 개울을 건너면 동쪽 구릉지역에 품위가 넘치는 석탑이 보인다. 최근 보물로 지정된 창림사지삼층석탑이다. 석탑까지는 제법 가파른 산길을 올라야 한다. 발굴이 진행되고 있는 역사의 현장이 실체를 드러내고 있다. 용의 표정으로 입에 구슬을 물고 있는 쌍귀부가 발견된 창림사 터로 수십년째 발굴이 느리게 진행되고 있는 곳이다.

창림사지 삼층석탑은 모습이 단아하고 단단한 체형으로 서쪽방향으로 넓은 들이 한 눈에 들어오는 곳에 자리하고 있다. 특히 노을이 질 무렵 석탑에서 내려다보는 경치는 절경이다. 석탑은 높이 6.5m로 남산에서 발견된 석탑 중에서는 규모가 가장 크다. 석탑의 상층기단에 건달바와 마후라가, 아수라 등의 팔부신중이 새겨져 있다. 신중의 조각솜씨가 빼어나 예술성이 돋보이는 작품이

자전거로 보는 역사의 길

남간사지당간지주

다. 창림사터에는 1979년에 복원된 석탑 외에도 석탑 하나가 더 있었던 것으로 조사됐다.

창림사지 3층석탑

창림사는 신라 최초의 궁궐이었을 것이라는 추정도 있어 의미가 깊은 곳이다. 기와조각과 절터였다는 흔적이 많이 남아 있지만 아직 복원사업은 요원해 아쉬움이 진하게 남는 곳이기도 하다.

■ 신라 멸망지 포석정

창림사지에서 다시 남쪽으로 페달을 밟으면 꼬부랑 논두렁길이 마을 안길로 연결된다. 마을 입구에 들어서면 '삼릉가는 길' 표식이 정겹다. 길을 따라서 담벼락에 그려진 벽화는 여행객의 감흥을 일으키기에 충분하다. 크고 작은 규모의 사찰과 식당들도 거기에 한몫한다. 공영주차장이 개울을 따라 길게 있고 개울을 건너면 넓은 주차장 안으로 포석정 정문이 담을 두르고 있다.

일반적으로 포석정은 신라를 멸망의 나락으로 빠드린 유흥의 총아처럼 전해지고 있다. 55대 경애왕이 이곳에서 잔치를 벌이다 견훤에게 잡혀 죽음을 당했기 때문일 것이다. 포석정은 사실 남산성 바로 아래 위치하고 있어 어떤 관계가 있을 것으로 짐작된다. 포석정은 또 신라왕궁의 별궁 또는 남산신에게 제사를 지내는 사당이었을 것이라 추정된다.

포석정은 제1호 사적지로 지정된 유서깊은 곳이면서 사계절 다양한 수목과 꽃들이 화려한 정원으로 꾸며져 산책로로도 훌륭하다. 전복 모양으로 구불구

지마왕릉 오솔길

포석정

불하게 돌로 홈을 파 물길을 만든 포석. 마음 맞는 친구들과 나란히 앉아 술잔 건네며 정담이라도 나누고 싶어지는 곳이다. 남산 깊은 곳으로 들어가는 포석곡 입구에 위치해 있어 방문하기에도 좋다. 경주를 찾는 탐방객들은 대체로 방문순서 우선순위에 둔다.

  포석정에서 삼릉 방향으로 키 큰 소나무들이 양쪽으로 산책로를 만들고 있어 저절로 걸어가고 싶은 마음이 들게 한다. 자전거 하이킹의 맛을 제대로 느끼게 하는 코스다. 숲길로 들어서기 바쁘게 노송에 둘러싸인 아담한 왕릉이 나타난다. 백성들을 지키기 위해 직접 칼을 빼들고 말 위에 올라 가야 정벌길에 나섰던 신라 6대 지마왕릉이다. 훌륭한 업적을 가진 왕의 이름이 낯설게 느껴지는 것은 분명 교육의 문제가 아닐까라는 아쉬움이 든다.

  지마왕릉에서 계속 남쪽으로 숲길을 달리면 태진지 연못 제방에 데크로 길을 만들어 자연풍광을 마음껏 즐기게 한다. 코스모스와 나팔꽃, 이름 모를 야생화들이 어우러져 자연을 벗삼아 딩굴고 싶은 충동을 일으킨다.

■ 삼불사와 삼릉

  태진지를 건너 솔밭으로 둘러싸인 주차장이 나오고 산 속으로 등산로가 이어진다. 등산로는 양쪽으로 단풍이 우거져 여름에는 푸른 그늘을 주고, 가을이면 붉은 심장 같은 단풍과 병아리 문양의 노란단풍이 절경을 이룬다. 수목이 주는 풍요로움을 만끽하며 오르는 산길에 숨이 차기도 전에 삼불입상이 편안하고 인자한 얼굴로 마주선다. 보물 63호 배동 석조여래삼존불입상이다. 배리 삼존불로 불리는 불상 삼총사다. 계곡에 넘어져 있던 불상들을 일제강점기에 원래의 위치로 짐작해 현재 위치에 복원했다.

  본존불 아미타여래입상은 명랑하고 천진스런 어린아이 얼굴 모양으로 풍만한 자태로 조각됐다. 관세음보살 입상과 대세지보살 입상이 좌우에 시립해 있다. 우협시보살 대세지보살은 두 불상과 다르게 연화대좌 위에 서 있다. 조각 솜씨 또한 훨씬 정교하고 예술성이 뛰어나 다른 시기에 조성된 것으로 추정된다.

  최근 대세지보살의 오른쪽 팔에 우담바라로 여겨지는 작은 꽃이 피어 방문객들이 줄을 잇고 있다. 그냥 보아서는 보이지 않는다. 정각의 기둥을 배경으

보물63호 배동 석조여래삼존불입상

로 잡아 가까이에서 보면 솜털 같이 하얀 실의 끝에 꽃의 형상이 맺혀있다.
 '우담바라'를 조준해 카메라의 조리개를 돌려가며 촬영하는 사람들의 눈빛이 형형하다. 엄숙한 표정의 방문객들은 연신 탑돌이 하듯 불상의 주변을 돌며 무엇을 기원하거나 엎드려 절을 한다.

삼불사 가는 길

신라 6대 지마왕릉

삼불사에서 다시 하산길로 접어들었다가 남쪽으로 이어진 산책길로 페달을 밟는다. 개울을 건너면 바로 망월사가 나타나고 이어지는 과수원길을 지나기 바쁘게 넓은 송림 가운데 삼릉이 엎드려 있다.
　경명왕릉, 신덕왕릉, 아달라왕릉으로 전해지는 거대한 봉분이 한 줄로 늘어서 있다. 가운데 53대 신덕왕릉으로 전해지는 왕릉은 일제강점기에 두 차례나 도굴되어 발굴조사 됐다. 조사에서 통일신라시기에 나타난 횡혈식 석실고분 형태를 띠고 있어 신덕왕릉으로 보기 어렵다는 학설이 대두되고 있는 고분이다. 맨 위의 54대 경명왕, 가장 아래는 8대 아달라왕으로 700여년의 간격을 둔 왕릉이라 지정된 이름의 왕릉으로 보기 어렵다는 설이다.

　송림 우거진 역사의 터에서 피톤치드를 맘껏 마시고 다시 도심으로 페달을 밟아 돌아오는 길은 현시대가 펼쳐진다. 신라의 처음과 끝을 감상하고 다시 천년을 훌쩍 뛰어 넘어 오늘로 돌아오는 길은 마음을 착잡하게도 한다.

김유신장군로

 ## 김유신 장군 탐방길

　김유신 장군은 신라 삼국통일의 주역으로 손꼽힌다. 장군과 무열왕 김춘추, 문무왕을 삼국통일의 주역 삼인방으로 소개한다. 경주 남산에 마련된 통일전에도 이 세 사람의 영정을 안치하고 통일의 주역으로 모시고 있다.
　김유신 장군의 유적을 둘러보는 길은 흥미롭다. 흥덕왕이 흥무대왕으로 추서한 것을 기념해 조성한 흥무공원이 경주시민들의 휴식공간으로 조성되어 있다. 흥무공원은 김유신장군묘 바로 아래 조성돼 있지만 일반시민은 물론 관광객들에게 잘 알려지지 않고 있다.
　김유신 장군묘역을 둘러보고 황성공원의 김유신 장군 동상까지 가는 길도 다양한 풍경을 감상할 수 있어 좋다. 다시 경주역을 지나 월성과 월지 사이로 난 길을 통과해 국립경주박물관 앞을 지나 천관사지를 둘러본다. 천관사지는 김유신 장군의 청년기 사랑이 깃든 곳이다. 천관사지로 들어서는 길은 천원마을 안길이어서 찾아가기가 쉽지는 않다.
　천관사지에서 남천을 건너 교촌마을 서편으로 좁게 이어진 길을 따라 김유신 장군이 태어나고 꿈을 키웠던 생가터인 재매정이 있다. 재매정에서 황리단길을 거쳐 경주시외버스터미널로 돌아오는 탐방길은 20㎞ 거리이지만 역사유적과 주변 풍경을 감상하면서 돌아본다면 3시간 정도 하이킹 코스로 적당하다.

■ 흥무공원

경주에서 김유신 장군의 흔적을 찾아 떠나는 자전거 하이킹은 신명이 나게 한다. 코스 전체가 리드미컬하게 역사와 현실을 오가면서 아름다운 풍광과 함께 도심의 풍성한 먹거리들이 널려있어 살아있음을 느끼게 한다.

경주시외버스터미널에서 자전거를 빌려타고 충무로를 향해 페달을 밟는다. 형산강을 건너는 다리 위에서 잠시 멈추고 강을 바라보며 심호흡을 한번 해볼 일이다. 가을을 재촉하는 바람이 맑은 공기를 실어 폐부 깊숙이 스며든다. 아직 단풍이 들지 않은 푸른 기운이 싱그럽다. 자동차 소리 사이로 간간이 들리는 물 흐르는 소리는 자연 속으로 끌어당긴다.

교량 끝에서 오른쪽으로 핸들을 돌리는 순간 개선장군이 된다. 50년 쯤 됨직한 벚나무들이 봄이면 하얗게 하늘을 뒤덮어 구름터널을 조성하고, 여름에는 푸른 잔디로 지붕을 만든다. 가을이면 더욱 장관이다. 나뭇잎이 원색으로 물들어 노랑과 빨강 보색으로 대비되면서 한폭의 수채화를 펼쳐보인다. 푸른 하늘이 언뜻언뜻 보이며 저절로 카메라 셔터를 누르고 싶은 마음이 동한다.

> 자전거로 보는 역사의 길

김유신장군 묘 가는 길

김유신장군 묘 입구

  벚나무터널이 끝나는 지점에서 오른쪽 강변으로 내려서면 끝없이 갈대숲길이 펼쳐진다. 그냥 뛰어들어 뒹굴고 싶은 동심을 유발하기도 하지만 다정스레 어깨동무하고 걷고싶어지게도 한다. 형산강변을 따라 길게 이어지는 갈대숲길은 매년 가을이면 데이트코스로 인기다.

  왼쪽 충효동으로 이어지는 길은 전문한식집과 경주여자중학교가 있어 번화가로 변하고 있다. 더욱이 최근 한국원자력환경공단이 신사옥을 지어 입주해 교통량이 부쩍 늘어나고 있다. 특히 환경공단이 단층으로 사옥을 지으면서 넓은 부지에 공원을 조성하고, 담장 없이 건물을 오픈해 인근의 경주시민들이 야간에도 자유롭게 드나들며 쉼터로 활용하고 있다. 옥상에도 벤치를 놓아두고 화초를 심어 옥상공원이 되어 야간에는 시민들의 휴식공간으로 자리매김하고 있다.

  조금 더 자전거를 전진하면 '흥무공원' 표지석이 보인다. 넓은 주차공간과 화장실 등의 편의시설을 설치하고 벤치와 꽃, 나무들을 심어 휴식공간이 되고 있다. 특히 주말이면 텐트로 야영하는 가족들도 쉽게 눈에 띤다. 공원은 서쪽으로 옥녀봉 줄기에 연결되며 넓은 공터를 지나 김유신 장군의 위패를 모시는 '숭무전' 사당을 지어 향사를 올리고 있다. 삼국통일의 주역이었던 김유신 장군은 신라 흥덕왕이 '흥무대왕'으로 추증해 태대각간의 벼슬에서 죽어서 왕이 되었다.

■ 김유신 장군묘와 동상

 흥무공원에서 다시 옥녀봉쪽으로 이어진 길을 택하면 숨가쁘게 페달을 밟아야 되는 경사가 심한 오르막이 나타난다. 양쪽으로는 벚나무가 빽빽하게 들어서 봄이면 이곳 또한 하얀 나라 백설천국이 된다. 자전거를 타고 오르면 청년들도 숨이 턱에 붙는다. 넓은 주차공간이 나타나고 김유신 장군 묘로 이어지는 출입구가 있다. 여기서부터는 걸어야 된다. 좁게 조성된 산책로를 따라 백일홍이 질 줄 모르고 붉게 타오른다.

 어느 왕릉보다 우람하게 조성된 김유신 장군묘는 호석에 12지신상이 힘이 넘치는 조각으로 천 년이 넘도록 눈을 부릅뜨고 있다. 신라 삼국통일을 이룩하기 위해 종횡무진하던 몸을 편안하게 쉬어도 좋을 듯하다.

 오르막이 있으면 내리막이 있다. 땀흘려 올랐으니 내려오는 길은 페달에 힘을 가하지 않아도, 바람이 불지 않아도 시원하게 다음코스로 이동이 된다. 이런 길만 계속 이어진다면 자전거 하이킹은 진짜 신명날 것이라는 생각은 잠시다. 300m 길게 좁게 형성된 장군교로 형산강을 건너야 된다. 장군교는 승용차가 다닐 수 없다. 걷거나 자전거로 겨우 건널 수 있게 외길로 만들어진 다리다. 아래로 내려다보면 아찔하지만 시야를 멀리 두면 의외로 아름다운 풍경을 감상할 수 있다. 물이 흐르는 하류로 눈을 돌리면 예기청소와 금장대 정자가 눈

김유신장군 묘

에 들어오고, 또 예술적인 감각으로 지어진 경주예술의 전당도 아름다운 풍경으로 자리잡고 있다.

김유신장군 동상

▲▼맥문동 황성공원

아찔하게 높고 좁은 다리를 건너 실내운동장으로 접어들거나 조금 더 강변도로로 직진해서 임란의거탑에서 좌회전해 황성공원으로 접어들면 시원한 그늘이 나타난다. 황성공원은 소나무와 갈참나무 등이 아름드리로 성장해 도심 속의 허파 기능을 하는 경주시민들의 최고 휴식공간이다. 황성공원 서남쪽에는 최근 맥문동이 보라색의 향연을 펼쳐 전국에서 사진작가들이 몰려들고 있다.

목월시비를 지나 우뚝 솟은 언덕으로 300여 계단을 오르면 김유신 장군이 말 위에서 칼을 치켜세워 잡고 있는 근엄한 모습이 보는 이를 압도한다. 금방이라도 백제로, 고구려로 진격하려는 모습이다.

천관사지

　김유신 장군의 청년기 사랑이 깃든 천관사지로 가려면 황성공원에서 페달을 밟아 경주역 방향으로 시가지도로를 관통해야 된다. 이 길은 자동차와 나란히 달려야 되는 위험이 따른다. 빨간불과 파란불이 번갈아 앞길을 막아서기도 하고, 다시 전진을 재촉하기도 한다. 거리에는 은행과 병원, 약국들이 교회만큼이나 많이 들어서 황금만능주의 시대상을 읽게 한다.

　경주시가지 중심에 위치한 경주역은 일제강점기에 지어진 낮은 건물로 아직 붉은 벽돌을 그대로 유지하고 있다. 형산강 방향으로 일직선 곧게 그어진 도로가 신라시대에도 계획도시로 형성됐던 도시계획을 되새겨 생각하게 한다.

반월성 꽃길

　조금 지나면 경주의 경제를 살찌웠던 쪽샘거리의 시발점 팔우정로타리가 나타난다. 로타리 서쪽으로 이어지는 도로변에는 비록 손님이 급격하게 줄어들어 한산하게 된 해장국집 간판이 아직도 줄지어 서 있다.

　왼쪽으로 가면 분황사, 오른쪽으로 가면 첨성대, 대릉원이 나타나는 네거리에서 직진하면 월성과 동궁 사잇길로 국립경주박물관에 도달하게 된다. 도로 양쪽으로 연꽃, 황화코스모스, 재래식 코스모스 등의 꽃들이 사철탐방객들의 눈길을 유혹한다. 박물관 앞으로 연결된 도로로 들어서면 이내 남천이 나타난다.
    남천을 따라 굽이굽이 돌아 이어지는 도로를 따라 페달을 밟다보면 월성 끝부분에 월정교 공사현장이 나타난다. 왕들이 남산으로 드나들면서 말을 타고 지나다녔던 다리다. 튼튼하게 짜여진 교량 월정교의 기초석이 발굴됐다. 현대에도 놀라움을 주는 기하학이 내포되어 있다.
    남쪽으로 '천원마을' 표지석이 왠지 모르게 들어가고 싶은 충동을 일으킨다. 좁게 조성된 논두렁길 같은 마을안길을 따라 들어가 동남쪽 들판으로 난 길을 따라 걸으면 황량한 빈 터에 '천관사지' 안내표지판이 보인다. 말의 목을 내리쳐 선연한 피가 낭자한 천관녀 집 앞에서 분연하게 선 김유신과 천관의 모습이 그려져 있다.

천원마을 입구

    천관사지에 서면 월성과 김유신이 살던 집터가 한 눈에 들어온다. 애타는 마음을 쓸어안고 낮에는 월성, 밤에는 재매정 쪽으로 눈길을 고정하고 있었을 천관의 모습이 어른거린다. 사랑에 대한 정의를 다시 생각하게 하는 그림이다. 논바닥 여기저기 석물 몇 점만 점점이 드러나 보이는 천관사지. 세월이 지난 빈 터에는 천관도 김유신도 없다. 향불 사르며 기원하던 절도 없다. 황량한 벌판에 스산한 가을바람이 불어 옷깃을 여미게 할 뿐이다.

■ 재매정

재매정

　천관사지에서 빤히 바라다보이는 남천 건너편 김유신 장군의 생가터로 페달을 밟는다. 5분이면 바로 도착한다.
　재매정은 김유신 장군이 살았던 집에 있는 우물의 이름이다. 부인의 이름을 따 집안의 우물을 그렇게 부른다. 재매정은 월성과 불과 600여m 거리다. 김유신의 젊은 날 사랑 천관녀의 집과도 2㎞가 안되는 가까운 거리다. 사랑을 불사르기에 용이한 거리에 있었던 것이다.
　김유신은 전쟁터에서 돌아오는 길에 투구도 벗지 못하고, 백제군사들이 쳐들어왔다는 전갈을 받고 다시 전쟁터로 나가면서 집 앞을 지날 때 재매정의 물 한바가지를 마시고는 "우리 집 물맛은 그대로구나"라며 바로 전장의 길에 올랐다는 전설이 있다. 지금도 돌로 만들어진 우물이 그대로 남아 있어 사적지로 지정 관리되고 있다.
　김유신이 월성에서 재매정으로 돌아오는 길은 짧지만 가시밭길이었을 것 같다. 월성에서 남천을 따라 곧바로 내려오면 요석공주가 머무는 요석궁이요, 월정교를 건너 우회해 돌아오면 천관의 집이 바로 지척이다. 끌어 오르는 혈기를 주체하기 어려운 청년시절에 김유신 장군의 어머니 만명부인의 지엄한 하교는 장군을 바로 걷게 하는 지침서가 되었다는 해석이다.

재매정에서 승용차 한 대가 겨우 지나다니는 좁은 제방길로 호젓하게 자전거를 타는 일은 낭만적이다. 강바람은 솔솔 불어오고 나이 든 가로수는 말없이 서 있다. 형산강으로 합류하는 하천변에는 계절따라 들꽃들이 피고 진다. 시가지 방향으로 페달을 밟으면 가로수들이 양쪽으로 나란히 서서 사열을 받는 기분이 든다.

황리단길

 시가지로 5분 남짓 진행하면 최근 경주의 핫플레이스로 등장하고 있는 황리단길에 이른다. 황리단길은 과거와 현재가 공존하는 애매모호한 느낌을 준다. 멀리서 보아도 점집이라는 것을 짐작하게 하는 대나무가 더러 보이고, 신세대 입맛을 겨냥한 먹거리촌이 형성되고 있다. 리모델링이 한창 진행중인 공사현장도 더러더러 눈에 띈다. 애기를 태운 유모차를 끌고 가거나 애기를 앞으로 업은 젊은 세대들이 거리를 누빈다. 아이스크림을 손에 든 청년들의 표정이 밝다. 자전거 하이킹에 나선 이들의 표정도 덩달아 밝아지는 곳이다.

능지탑지

자전거로 보는 역사의 길

문무대왕로

  신라 삼국통일을 이룩한 문무왕의 흔적은 아직도 경주지역 곳곳에 많이 남아 있다. 대표적이고 상징적인 곳이 문무대왕을 장사지낸 능지탑지와 문무대왕 수중릉이다. 능지탑은 내륙 깊숙한 낭산에 위치해 있고 수중릉은 양북면 동해 바다에 있다.

  능지탑과 수중릉을 잇는 길에 진평왕릉, 설총의 묘, 명활산성 등의 유적이 있고, 경주세계문화엑스포를 지나 문무왕이 직접 걸었던 추령재와 백성들을 위해 건축하다 완공을 보지 못하고 죽자 아들 신문왕이 마무리한 감은사지가 있다.

  이 구간은 몇 갈래의 길이 있지만 짧은 구간으로 달려도 42㎞ 100리 길이 된다. 오르막과 내리막이 있는 힘난한 코스여서 부지런히 페달을 밟으며 차 한잔씩 하는 약간의 여유를 가진다면 3시간은 각오해야 된다. 추령재 황룡마을에서 기림사로 이어지는 왕의 길로 코스를 잡으면 거리는 훨씬 길어진다. 거기에다 추령재는 경사가 심한 긴 오르막길이고 도로폭이 좁아 차량이 지나갈 때는 위험하기도 하다. 그러나 이 길은 역사문화자원이 풍부하고 계절별로 경치가 아름다워 하이킹코스로 추천할 만하다.

경주시는 감포로 이어지는 새로운 국도가 개설되면서 차량교통량이 줄어든 이 구간의 이용활성화와 통일신라 정신의 전승 스토리가 있는 길의 관광자원화, 해양에서 내륙을 잇는 문화융성의 길 재현 등을 목적으로 테마탐방로를 조성하고 있다.

문무대왕의 백성을 위한 정신을 다시 기리면서 화랑의 얼이 서려 있고, 역사문화자원이 풍부한 내륙과 해양문화를 잇는 문무대왕탐방로를 자전거로 돌아본다.

황복사지 돌아오는 길

■ 능지탑지

경주시외버스터미널에서 출발해 강변도로를 따라 울산으로 이어지는 7번국도로 접어들어 낭산의 능지탑지까지는 8㎞ 거리다. 오릉을 지나 경주IC에서 포항으로 진행하는 국도를 따라 남산터널을 경유하는 길을 택하든, 황리단길과 교촌마을, 박물관을 경유해도 거리는 비슷하다.

경주 핫플레이스로 떠오르고 있는 황리단길을 선택하는 것도 재미있다. 과거와 현재가 공존하는 공간에 다양한 먹거리와 서점, 카페 등의 젊음을 만끽하는 활기넘치는 분위기를 몸으로 느낄 수 있는 곳이다. 월성에서 박물관으로 이어지는 도로변에서도 도심지이지만 코스모스 등의 꽃길이 이어져 페달을 밟는 마음을 상쾌하게 한다.

7번국도에서 낭산으로 접어드는 초입에 갈색의 능지탑지 문화재 안내 표지판이 서 있다. 여기서부터 좁은 길이 시작된다. 살짝 오르막에 기찻길이 가로질러 있다. 문무왕을 장사지낸 능지탑지에 이르면 늦여름까지 넓은 광장에 개망초가 하얗게 피어 보는 이를 숙연하게 한다. 능지탑 둘레에는 많은 석재들이 용도를 몰라 복원을 하지 못하고 이곳저곳에 쌓여 있기도 하고, 도로경계석으로 늘어져 있는 모습을 볼 수 있다.

 탑을 세우고 있는 1층 몸돌에 뛰어난 예술성을 갖춘 솜씨로 빚어진 12지신상들이 저마다 무기를 들고 엄숙한 표정으로 변함없이 천년을 지키고 서 있다. 이곳을 방문한 탐방객들은 저마다 쉽사리 자리를 떠나지 못한다. 안내표지판을 읽고, 원래의 형태로 복원되지 못한 생소한 탑의 모양으로 서 있는 역사의 한 단면을 마주하면서 깊은 생각에 빠져든다.

 전쟁의 끝을 보기 위해 전쟁을 주도했던 왕, 삼국통일을 이루어 백성들의 편안한 삶을 추구하던 꿈을 이룬 왕, 죽어서도 백성들을 보호하기 위해 동해에 장사지내라며 화장하라 유언을 남겨 불구덩이로 들어갔던 왕이 잠든 곳이다. 요즘 정치인들이 공부해야 할 교육의 장으로 삼아야 한다는 생각이 샘솟는다.

 능지탑지가 위치하고 있는 낭산 주변에는 선덕여왕릉, 생의사지, 사천왕사지, 황복사삼층석탑, 신문왕릉 등의 많은 역사유적들이 자리하고 있다.

남은 석재로 일부만 복원한 효성왕 가릉으로 추정

능지탑지에서 동쪽으로 가벼운 능선을 넘어서면 가슴 탁 트이는 벌판이 바다처럼 펼쳐져 있다. 여름에는 푸른 바다, 가을에는 황금벌판이 파도춤을 춘다. 장관이다. 저절로 입이 벌어진다. 선덕여왕의 아버지 진평왕릉으로 이어지는 들길도 두 갈래다. 곧장 동쪽으로 달릴 수도 있지만 왼쪽으로 커브를 틀어 황복사지 삼층석탑을 돌아 넓은 수로를 따라 올라가는 길을 권한다. 최근 새롭게 드러난 역사문화유적이 이채롭다.

경주문화재연구소에서 문화유적을 발굴하면서 건물지와 뚜렷하게 드러난 왕릉의 흔적을 발견하고 주섬주섬 석재를 쌓아 두었다. 지대석, 면석, 탱석, 상대갑석 등이 듬성듬성 드러나 오래 전의 흔적을 상상하게 한다. 미완성 석재가 많다. 성덕왕의 형인 효성왕의 가릉일 것으로 추정하는 설이 있다.

효성왕의 유언에 따라 관을 법류사 남쪽에서 화장해 동해에 산골하였다는 기록과 5년간 짧은 재위 기간을 고려하면 병석에 있을 때 능침을 준비하다가 왕의 유언으로 화장하게 되면서 조성과정에서 폐기했을 것으로 추정하기도 한다. 일대에 더 많은 발굴과 정밀조사연구가 있어야 한다는 학계의 주장이 일고 있다.

문무대왕로

■ 보문단지 명활산성

보문들

자전거로 보는 역사의 길

　낭산에서 동쪽으로 넓게 펼쳐진 추석을 앞둔 들판은 황금빛이 출렁거린다. 노을이 지는 시간이면 눈이 부시다. 자전거를 타고 한참이나 달리다 멈춰 휘휘 둘러보면 흡사 허수아비가 된 느낌이 든다. 덩그러니 벌판에 홀로 서 있다는 생각이 들어 갑자기 고독에 휩싸이기도 한다. 들판이 끝나는 지점인 마을안길로 접어들기 전에 공원이 있다. 고목이 되어버린 버드나무와 소나무, 다양한 야생초들이 저마다의 때깔로 향기를 피워내는 진평왕릉이다. 진평왕릉 일대는 적당한 그늘이 있고, 화단을 이루는 곳곳에 벤치가 있어 마을주민들은 물론 여가를 즐기는 시민들의 쉼터가 되고 있다.

　왕릉처럼 높은 봉분에 화려한 상석이 마련된 설총의 무덤도 마을입구에 자리하고 역사문화를 이야기하고 있다. 마을 뒷산에는 금관보다 화려한 금귀고리를 비롯한 장신구와 유물이 출토된 부부총이 있어 역사문화를 공부하는 발걸음들이 심심찮게 찾아든다. 이 하이킹 코스는 역사문화유적 답사길로도 좋다.

　마을에서 보문단지로 이어지는 넓은 길로 나와 남쪽으로 이어진 보문호반길에 접어들면 가장 먼저 비담이 선덕여왕에게 반기를 들고 반란의 근거지로 삼았던 명활산성이 나타난다. 산악자전거라면 명황산성을 휘둘러볼 수도 있다. 산길이지만 산악자전거로 탐방하기에는 충분한 길이 나 있다.

보문호반길은 보문호를 중심으로 10㎞ 둘레길로 순환도로로 조성돼 있어 시간이 넉넉하다면 한 바퀴 돌면서 다양한 체험거리를 즐길 수도 있다. 일단 문무왕릉으로 가는 빠른 코스를 선택한다면 오르막길로 힘차게 페달을 밟아야 된다. 보문호를 왼쪽에 두고 다리에 쥐가 나도록 페달을 밟아야 하는 오르막이어도 좌우로 단풍이 들기 시작하는 주위 풍경이 눈을 시원하게 해준다.

명활산성

보문길

■ 덕동댐과 왕의 길

보문호반길을 지나면 왼쪽에 경주월드, 오른쪽으로는 블루원, 직진하면 경주엑스포가 바라보이는 네거리가 나온다. 교통이 번잡한 곳이어서 신호등을 주의깊게 살펴야 된다. 특히 관광객들이 밀집되는 곳이어서 차는 물론 자전거와 원동기를 이용한 각종 탈 것을 대여해 즐기는 인파가 붐벼 사고예방에 신경을 써야 된다. 경주월드와 블루원 워터파크 등에서 놀이기구 돌아가는 소리에 신명이 나서 발산하는 목청 높은 소리들이 바람을 타고 귓전을 파고든다.

엑스포를 지나 불국사와 감포 방향의 삼거리에서 좌회전해야 된다. 덕동댐으로 향하는 길이다. 본격적인 오르막이 시작된다. 지금까지의 오르막은 연습이다. 땀나게 페달을 밟아 나아가는 것도 중요하지만 한산하게 된 길이어도 2차선으로 된 찻길이어서 위험하다. 경주시가 자전거길을 조성하고 있어 곧 편안한 자전거길을 만나게 될 듯하다.

경주시민들의 젖줄이 되고 있는 덕동댐을 왼쪽에 두고 이어지는 오르막길은 많은 생각에 빠져들게 한다. 레이스에 집중하는 달리미라면 오로지 길에만 신경을 쓰게 해 하이킹 삼매경에 몰입할 수도 있는 좋은 코스가 된다. 오르막이 끝날 즈음에 은은한 음악이 고즈넉한 풍경소리처럼 귓전을 파고든다. 백년을

자전거로 보는 역사의 길

덕동댐길

우려낸 듯한 깊은 차향이 코끝에 맴돈다. 백년은 훨씬 넘은 듯한 조경이 저절로 들어가 쉬고 싶은 마음이 동하게 한다. 오래된 쉼터 '백년찻집'이다.

문무왕과 신문왕이 백성들을 위해 넘나들었던 왕의 길이다. 추령재로 이름 붙은 16㎞ 고갯길이다. 자전거로 넘어야 하는 하이킹에 초보자라면 울고 넘는 박달재가 아니라 '노래하는 추령재'가 될 추억의 길이 된다.

백년찻집

■ 감은사지와 문무대왕릉

백년찻집은 추령재 정상에 위치해 땀을 식히기에 안성맞춤이다. 음악에 취하고, 다향에 취하고, 선경에 취하기 좋은 곳이다. 다시 동해로 이어지는 길은 브레이크를 점검해야 되는 길게 이어지는 내리막이다. 오르막이 있으면 반드시 내리막이 있기 마련이다. 힘들게 올라온 당신 편하게 내려가시라. 웃음이 저절로 터져 나오는 행복한 길이 시작된다. 도로 양편으로 시원하게 조성된 옛길이 사계절 다양한 풍경으로 달리는 마음을 흥겹게 한다. 휘파람이 저절로 나온다.

'세월아 네월아' 간판이 높게 걸린 자리, 알록달록 색동옷을 입은 주모 차림의 동상이 눈길을 끈다. '한수원' 본사 사옥이 건너다보이는 내리막이 완만한 경사로 바뀌는 지점에 근현대사의 풍경을 표현한 작품들이 추억과 동심을 우려내는 곳이다.

감은사지 저녁

　다시 동해로 페달을 밟으면 이내 감은사지 동서삼층석탑이 천년의 세월을 버티고 선, 저절로 엄숙하게 하는 역사의 터에 이른다. 문화해설사와 동행하는 길이라면 문무왕과 신문왕의 이야기들이 실타래로 풀려나오는 곳이다. 역사 속으로 푹 빠져들기 십상이다. 감은사지는 사계절, 밤과 낮, 오전과 오후 시시때때로 다양한 풍경을 연출해 사진작가들의 작품 속에서 여러 모습으로 드러난다.

문무대왕릉 앞

감은사지에서 동해로 잠시만 페달을 밟으면 파도소리 들리는 해안에 이른다. 오른쪽으로 핸들을 틀면 대종천을 건너는 다리가 튼실하게 연결된다. 황룡사 대종과 감은사종이 몽고족과 왜구들의 배로 실려 내려간 하천이다. 완만하게 커브를 틀면 바다 속에서 하얗게 거품이 일어나는 장면이 보인다. 산인 듯 섬인 듯 온몸으로 파도를 맞고 있는 문무대왕 수중릉이 갈매기들의 쉼터로 자리잡고 있다.

수천 년 바다에서 백성들을 지키는 문무왕의 수중릉을 바다새가 지키고 있다. 조금의 인내심을 키운다면 수시로 해무가 피어오르는 장관을 볼 수 있는 곳이다. 파도가 일어나고 다시 잠들고, 또 일어나기를 반복하는 문무대왕릉을 바라보면서 마음의 짐을 모두 내려놓을 수도 있다.

자전거로 보는 역사의 길

삼국통일의 향기

   신라의 삼국통일은 세계사적으로 두고두고 회자되는 찬란한 역사다. 이민족의 힘을 빌어 자신의 민족들이 피를 흘리게 했다는 비판도 있다. 그러나 엄연히 나라의 기틀을 다지고 백성들의 평안을 위한 위업이라는 평가가 일반적이다.

   신라의 삼국통일로 지금의 대한민국 영토와 국권이 확립된 것이라 할 수 있다. 오늘날 분단의 아픔을 겪고 있는 현실을 극복해야 할 시대적 사명이 국민들의 어깨에 있다고 볼 때 삼국통일을 이룬 인물들의 자취를 더듬어보는 일은 매우 의미가 깊다. 삼국통일의 대업을 달성한 공신으로 무열왕 김춘추와 김유신 장군, 문무왕 3인을 첫 손에 꼽는다. 1970년대에 신라의 정기가 집적된 남산에 통일전을 건설하고 이 세명의 위패를 모신 것도 이러한 맥락에서일 것이다.

   통일의 3주역은 귀에 딱지가 앉을 정도로 많이 들었다. 이번 호에서는 그들의 이야기는 가볍게 소개하면서 통일의 위업 뒤에 가려진 숨은 인물과 이야기들을 찾아 하이킹을 떠나보기로 한다. 단풍이 금수강산을 더욱 아름답게 꾸미고 있는 계절이다. 자전거 하이킹으로 통일에 기여한 숨은 이야기를 찾아 페달을 밟는다.

■ 김춘추와 김유신

　삼국통일의 기틀을 다진 무열왕 김춘추와 김유신 장군의 출신성분과 가족관계, 교우관계를 추적해보는 것도 재미있다. 8년의 나이차를 극복하고 절친으로 나라의 동량이 되었던 두 사람은 죽어서도 이웃해 묻혀있다. 천하를 호령했던 장군의 기상으로 "여보게"하고 부른다면 바로 "왜 그러는가"하고 답할 지척이다. 서악서원이 자리하고 있는 선도산 능선을 두고 남북으로 1㎞ 남짓 거리에서 연을 이어가고 있다.

　김춘추의 아버지는 용춘이다. 용춘은 진평왕의 사위다. 진평왕은 용춘과 사촌간이다. 진흥왕이 그들의 할아버지다. 진흥왕의 큰 아들이 동륜이고 둘째가 금륜이다. 동륜의 아들 이름이 백정이고 26대 진평왕이다. 금륜의 아들이 25대 진지왕인데 재위 4년만에 보위에서 쫓겨났다. 진평왕은 아들이 없어 딸에게 왕위를 넘겼다. 27대 선덕여왕으로 성골출신이 왕권을 이었다. 28대 진덕여왕은 선덕여왕의 동생이다. 선덕여왕 덕만과 진덕여왕 승만은 김춘추의 이모다. 김춘추는 할아버지가 왕위에서 물러나면서 성골에서 진골로 내려앉은 집안의 위세를 왕권을 잡으면서 다시 회복했다.

　김유신은 금관가야 출신으로 금관가야가 신라에 복속되면서 신라의 무장으

신라 통일주역 3인의 기념비

로 승승장구 했다. 김유신은 김춘추보다 여덟살이 많다. 김유신은 17세에 이미 달인의 경지에 이르는 무인으로 성장해 가문의 위상을 되찾기 위해 김춘추와 화랑으로 활동하면서 친밀도를 높였다. 유신은 여동생을 김춘추에게로 시집보내 연결고리를 더욱 돈독히 했다.

김춘추는 김유신 장군에 힘입어 이모들의 뒤를 이어 29대 무열왕으로 등극했다. 할아버지 진지왕의 불명예를 깨끗이 청산하고 왕손으로 가문의 대를 이었다. 김춘추가 왕위에 오른 것은 51세다. 58세에 죽음을 맞으면서 튼튼한 세습체제를 위해 그는 그의 딸을 환갑줄에 든 김유신에게 시집보냈다. 처남매부가 다시 장인과 사위가 되었다. 그들의 울타리를 가족의 연으로 더욱 공고히 한 것이다.

무열왕릉 뒤

무열왕릉이 자리한 선도산은 오를수록 절경이다. 산이 가진 풍경보다 돌아보는 전망이 더욱 가슴을 시원하게 한다. 무열왕릉을 돌아 선도산 정상을 향해 페달을 힘겹게 밟으면 도봉서당이 나온다. 서당 뒤로 울처럼 둘러쳐진 쉰등, 헤아릴 수 없을 정도로 많은 고분들이 굽이굽이 낙타등을 이루고 있다. 고분군 앞으로 메밀꽃보다 하얗게 구절초가 흐드러져 있다. 눈이 내린 풍경이다. 그 사이에 몸에 이색적인 문양을 새긴 보물 삼층석탑이 우뚝 서 있다.

■ 무열왕의 둘째 아들 김인문

무열왕릉 바로 남쪽으로 길을 하나 건너는 위치에 김춘추의 둘째 아들 김인문의 무덤이 있다. 고분 앞에는 김인문 묘비를 등에 업고 있었던 살아 있는 듯한 거북모양의 비석 받침돌이 비각 안에 보호되고 있다. 보물 제70호 서악동 귀부다.

김인문은 태종 무열왕의 둘째 아들로 당나라 사신으로 들어가 많은 활약을 하다 결국 당나라에서 죽음을 맞은 비운의 장수다. 신라가 백제를 공격할 때는 당나라군의 부사령관이 되어 소정방부대의 실질적인 지휘관 노릇을 담당했다. 백제를 정벌하여 누이의 원수를 갚았다. 정확하게는 김춘추의 딸과 사위에 대한 복수를 하는데 크게 도움이 되었다.

김인문이 당나라에 오래 머물게 된 것은 김춘추의 적극적인 대당 외교술에 기인한다. 김춘추가 백제를 공격하기 위해 고구려와 일본에 가서 청병에 실패하고, 군사원조를 위해 당나라로 입성할 때 그의 셋째아들 문왕을 볼모로 맡겼다. 이것이 숙위제도의 시작으로 기록된다. 숙위는 조공의 의미, 질자로서의 담보적 입장이었으나 김인문의 적극적인 역할이 신라외교에 실리를 가져오는 결과를 얻었다.

김인문은 신라가 백제를 공격할 때 당의 군사를 일으키는 직접적인 외교에 성공한 셈이다. 당의 황제 앞에서 도로와 강의 흐름, 적의 성곽의 위치 등에 대

문두루비법 시연도

한 지리를 상세하게 설명해 부사령관의 직위를 받아 직접 백제군 섬멸전에 참여했다. 668년 고구려 침공에도 김유신이 풍병으로 출정하지 못하자 신라군의 사령관이 되어 당나라 장수 유인괘와 함께 평양성을 함락시켰다. 이때는 무열왕이 사망하고 김춘추의 큰 아들이자 김인문의 형인 법민이 문무왕으로 등극한 때이다.

김인문의 말로는 험했다. 신라가 당나라의 힘을 빌어 백제와 고구려를 평정하며 삼국통일의 길을 닦았다. 그러나 당나라가 백제와 고구려에 웅진도독부, 안동도호부 등의 당군 지휘부를 설치하고 신라에 대한 영토적 야욕을 드러내자 문무왕이 반격에 나섰다. 이에 대해 당나라는 문무왕의 관작을 삭탈하고 김인문을 신라왕으로 세우고 신라로 쳐들어왔다. 문무왕이 형식상 사죄사를 보내자 당은 김인문을 다시 당으로 불러 임해군으로 봉했다.

본격적인 신라의 반격이 시작되자 당나라는 다시 김인문을 가두고 대규모 병력을 동원해 신라침공에 나섰다. 김인문은 이러한 사실을 옥중에서 당나라에 유학중이던 의상에게 알리고, 의상은 급히 신라로 돌아와 대책마련을 주문했다. 김인문은 694년 당나라에서 66세의 일기로 숨을 거두었다. 그의 유해는 본국으로 옮겨져 경주 서악동에 장사지냈다. 효소왕은 죽은 김인문을 태대각간으로 추증했다.

■ 문두루비법의 주인공

사천왕사지 목탑지

사천왕사지 금당터

김인문 묘에서 자전거를 타고 경주시외버스터미널에서 봉황대 쪽으로 직진하거나 오른쪽으로 돌아 경주IC에서 나오는 넓은 길을 타고 통일전으로 내달릴 수 있다. 경주박물관에서 울산방향으로 이어지는 7번 국도를 따라 남쪽으로 페달을 밟아 5분 거리인 선덕여왕릉 입구에 호국사찰 사천왕사지가 있다.

사천왕사지 앞 도로▲▼▶

사천왕사는 의상대사가 당나라에서 김인문으로부터 신라침공의 정보를 얻어 신라왕실에 보고하면서 이에 대한 대비책으로 건립된 호국사찰이다. 의상의 보고를 받은 문무왕은 명랑법사에게 적을 물리칠 방법을 물었다. 의상은 "낭산 남쪽 신유림에 사천왕사를 세우고 도량을 열어야 된다"고 진언해 사찰 건축이 급격하게 진행됐다.

그러나 당군은 절을 완성시킬 때까지 기다려주지 않았다. 시간적 여유가 없자 명랑은 유가명승 12인과 더불어 문두루비법을 봉행했다. 채색한 비단으로 절을 짓고, 풀로 오방의 신상을 만들어 밀교의 비법을 진행했다. 이 비법으로 당군은 바다에서 풍랑을 만나 몽땅 수장됐다.

사천왕사는 이 때로부터 5년 후에야 완성되고 지금까지 호국사찰 사천왕사라는 이름으로 전해진다. 신라 통일 전에는 사찰에는 일반적으로 금당터 앞에 하나의 탑을 세웠는데 사천왕사에는 2기의 목탑 흔적이 남아 있어 신라 쌍탑가람제 최초의 사찰로 알려지고 있다.

사천왕사지 금당터와 목탑지에는 지금도 기초석이 그대로 남아 있고, 머리가 잘린 귀부 2기와 당간지주가 남아 있다. 사천왕사에 머물렀던 고승으로 명랑, 양지, 월명 등의 이름이 역사서에 기록되고 있다.

◀▼동남산 가는 길

■ 매소성전투와 기벌포 해전

사천왕사에서 다시 페달을 서남쪽으로 이어지는 도로를 향해 밟으면 황금벌판 벌지지가 시야를 확 틔운다. 이어 경북도산림연구원, 화랑의 집, 헌강왕릉, 정강왕릉을 지나 통일전 넓은 주차장이 나온다. 산림연구원은 다양한 수목과 산책로가 아름답게 조성돼 경주지역 학생들의 최고 소풍장소가 되고 있다. 계절별로 꽃을 피우고 지는 수목들이 언제든 방문하는 이들의 유쾌한 체험 공부장소가 되게 한다.

고 박정희 대통령이 삼국통일의 기운을 받아 남북통일의 꿈을 기원하면서 화랑의 집과 통일전을 남산기슭에 건립했다. 통일전은 동남향으로 웅장한 기상을 풍긴다. 남산을 배경으로 높게 지어져 가파른 계단으로 삼문을 지나야 무열왕과 문무왕, 김유신 장군의 영정을 모셔둔 통일전 본당에 들어서게 된다.

통일전 회랑은 본당을 둘러 전시공간으로 꾸며졌다. 경주의 사계를 담은 풍경화와 무열왕과 김유신 장군의 출전도, 화랑들의 전쟁과 활약을 담은 작품, 매소성전투, 기벌포전투 등의 삼국통일의 역사를 들여다 볼 수 있는 작품들이 생생한 모습으로 전시돼 있다.

매소성전투 가상도▲

▲기벌포 해전 가상도

신라와 힘을 합해 백제와 고구려를 물리친 당나라는 백제와 고구려를 직접 다스리려는 욕심을 드러냈다. 결국 신라도 넘보는 흉계를 알아차리고 신라는 당나라를 몰아내는 전쟁을 시작했다. 670년 압록강을 건너 당나라와 전쟁을 벌인 것이 본격적인 나당전쟁의 시작이었다. 당나라는 임진강을 경계로 고착상태에 빠졌다.

통일전 앞

675년 9월 당나라의 설인귀가 함대를 이끌고 한강하류로 침략해 왔다. 신라군은 매소성에서 당나라군의 보급선을 공격해 격침시키고 압박하자 당의 이근행 20만 군대는 병기를 버리고 북쪽으로 퇴각했다. 이 전쟁으로 당나라는 평양에 있던 안동도호부를 요동으로 옮기고, 웅진도독부를 건안고성으로 옮겨 나당전쟁의 전환점이 됐다는 것을 알 수 있다. 신라가 완전히 승기를 잡은 전쟁으로 평가되고 있다. 이어 676년 충남 서산 앞바다 금강 하구 기벌포에서 신라 수군은 20여차례의 전투 끝에 당나라군을 몰아냈다. 기벌포전투가 6년간의 대당전쟁을 승리로 끝맺는 마지막 싸움으로 기록되고 있다.

신라 삼국통일의 이면에 깔린 많은 화랑과 장수들의 이야기들은 역사서에 조금씩 기록으로 존재하거나 구전으로 겨우 전해져 오고 있지만 오늘날 우리들에게 아름다운 향기로 남아 있다. 역사 속에 묻힌 이야기들이 힐링의 열쇠가 되기도 한다.

# 국립공원 탐방

무장산 연가

원조 금강산

동학이야기

화랑지구

서악지구

단석산지구

토함산지구

토함산지구 왕의 길

무장산 연가

    가을 주말이면 누구나 어디론가 떠나고 싶어진다. 특히나 총 천연색으로 화장을 하는 산으로 향하는 발걸음이 부쩍 늘어나 산과 계곡이 등산복으로 알록달록 더욱 화려하게 물든다. 경주의 산들은 저마다 무언가 특별함이 있다. 무장산, 남산, 금강산, 단석산, 선도산, 오봉산 등등 하나 같이 특색 있는 풍성한 이야기 꺼리를 간직한 문화재들이 단풍과 어우러져 발길을 유혹한다.

    무장산은 가을 주말이면 발 디딜 틈이 없을 정도로 등산객들이 몰려든다. 줄을 지어 밀려드는 단풍객들로 산이 더욱 화려하게 물든다. 경주시는 아예 마을 진입로에서부터 교통을 통제하면서 셔틀버스를 운행한다.

    무장사지의 초입에 보물로 지정된 문화재 2점이 있다. 무장사지 삼층석탑과 아미타불조상사적비. 특히나 아미타불조상사적비에 얽힌 이야기는 신라 하대왕위 쟁탈전을 벌였던 골육상잔의 아픔이 배어있어 애잔하다.

    하산하고 풀어진 다리에 마음까지 풀어주는 삼겹살과 미나리를 즐길 수 있는 식당이 즐비하다. 등산객들은 삼겹살에 막걸리로 무장산 연가를 더욱 구수하게 익힌다.

GYEONGJU HEALING ROAD

문무왕이 무기를 감추어 묻었다는 의미로 이름 지어진 무장산은 역사적 이야기보다 정상 부위에 조성된 억새밭으로 더욱 유명하다. 초가을부터 이듬해 봄까지 온 산이 부산하게 흔들리며 은빛을 뿌려대는 억새를 보러 등산객들이 억세게 밀려든다. 무장산으로 들면 저절로 힐링이 되는 비밀을 하나씩 풀어본다.

무장봉 8부능선길

■ 무장산 가는 길

  서울의 우이동 시인들은 '북한산 단풍'을 이렇게 노래한다.
  산마다 물이 들어 하늘까지 젖는데/ 골짜기 능선마다 단풍이 든 사람들/ 그네들 발길따라 몸살하는 가을은/ 눈으로 만져다오 목을 뽑아 외치고/ 산도 타고 바람도 타고 사람도 타네

  경주 무장산은 단풍도 단풍이지만 억새가 주는 풍경이 제격이다. 억새의 맛을 느끼려면 해발 624m 정상까지 올라야 된다. 억새는 동대봉산 무장봉의 정상에서 넓게 바다처럼 펼쳐져 있기 때문이다.

무장산은 억새군락지로 이미 전국에 널리 알려져 가을부터 봄까지 주말이면 인산인해를 이룬다. 경주보문단지 끝자락에서 천북으로 이어지는 좁은 길로 접어들자말자 암곡으로 들어가는 길을 잘 살펴야 제대로 길을 찾을 수 있다. 하기사 가을철에는 워낙 찾는 발길이 많아 사람들이 가는대로 따라 운전하다 보면 저절로 찾게 돼 길 잃을 염려는 하지 않아도 된다.

그러나 주말에 무장산을 편하게 찾아보려면 아무래도 보문단지 어디쯤에 승용차를 주차하고 셔틀버스나 시내버스를 이용하는 것이 좋다. 좁은 길 양쪽으로 미리 온 등산객들이 길게 주차해 심각한 정체로 귀한 시간을 도로에 헌납해야 할 수도 있기 때문이다.

차량이 밀리면 어떠하고, 사람들 어깨에 부딪히면 또 어떠랴. 무장산이 주는 기쁨에 비하면 그 어떠한 수고도 흔쾌하게 감수할 수 있다. 무장산에 드는 일은 오롯이 자연에 안기는 일이 된다. 계곡 초입에 들어서면서부터 지난해도 그랬고 그 이전 훨씬 오래전부터도 그랬던 것처럼 지금도 휴대폰이 먹통이 된다. 복잡한 세상과 단절하게 한다. 중요한 사업 이야기를 나누어야 하는 사람이나, 시간단위로 현 위치를 보고해야 하는 입장에 있는 사람이라면 무장산행은 심각하게 고민해야 된다.

무장산 계곡

무장사 아미타불조상사적비

동산길 데크

　무장산의 계곡은 깊고 맑다. 목장을 운영했던 곳이라 지금도 차량이 끝까지 통행할 수 있는 길이 완만한 경사로로 조성돼 있어 걷기에는 편한 등산길이다. 산길을 따라 졸졸 흐르는 맑은 물은 아무리 가뭄이 심해도 마르지 않는다. 전국의 저수지가 바닥을 보이는 가뭄이었지만 무장산 계곡에는 물이 흘렀다. 지금도 손을 담그고 싶은 맑은 물에는 쉬리가 평화롭게 헤엄치는 것을 볼 수 있다. 운수가 좋으면 책에서나 만날 수 있는 가재도 보게 된다. 무장산에 들면 선경 같은 자연의 풍광으로 누구나 시인이 된다.

■ 무장산의 보물

　무장산은 보물산이다. 나라에서 보호관리가 필요하다고 지정한 문화재 2점이 등산로 초입에 돌로 박혀 있다. 보물 제126호 무장사지 삼층석탑과 보물 제125호 무장사 아미타불조상사적비 이수 및 귀부다. 무장사지의 석탑은 웅장한 모습이다. 기단석 몸돌에 안상무늬를 두르고 있을 뿐 전체가 밋밋한 점잖은 차림이다. 옥개탑석 1층 지붕돌 일부가 조금 깨어지고 몸돌 아랫부분이 살짝 훼손된 것을 제외하면 거의 1천년 전 본래의 모습을 유지하고 있다.

반면 아미타불조상사적비는 몸돌은 완전히 박살이 나 제대로 된 모습을 찾아보기 어렵다. 그것도 1915년에 발견된 일부는 국립중앙박물관으로 옮겨 보관하고 있으며, 현지에 복원된 비석에는 겨우 탐독한 일부 비문을 더듬어 복제한 돌을 세워두고 있다. 귀부와 이수는 제 것이다. 그러나 이수 3분의 1은 깨어져 달아나고 없다. 이수는 희귀하게 쌍거북으로 표현하고 있지만 거북의 머리가 모두 깨어진 상태다. 귀부의 윗부분에는 앞면과 뒷면에 4구씩, 옆면에 각 2구씩, 12지신상을 새겨 이채롭다.

무장사지 삼층석탑

 아미타불조상사적비의 남은 모양처럼 비석이 담고 있는 사연은 더욱 안타깝다. 사적비는 신라 39대 소성왕의 왕비 계화부인이 왕의 명복을 빌기 위해 세웠다. 소성왕은 아버지 원성왕의 뒤를 이어 왕위에 올랐지만 1년만에 죽음에 이르렀다. 다행히 소성왕의 아들이 애장왕으로 왕위를 이었지만 삼촌 헌덕왕과 흥덕왕 형제에게 죽임을 당했다. 형제가 조카를 죽이고 왕에 올랐던 것이다.
 헌덕왕은 아들이 없어 동생 흥덕왕이 왕위를 이었다. 어떠한 이야기들이 있었는지 피비린내 나는 역사의 세세한 부분을 알 수는 없지만 미루어 짐작할 수 있는 부분은 더욱 처절한 마음이 들게 한다.

피의 역사가 담긴 흔적이 보물이다. 사실 문화재적인 보물 가치를 가진 유물들을 찾아오는 공부하는 발길도 많지만 지금은 억새와 쉬리가 헤엄치는 맑은 물이 흐르는 계곡을 찾는 단풍객들이 훨씬 많다. 무장산에 얽힌 전설도 보물이고, 아름다운 자연이 보물이다.

무장산 입구 암곡 벚꽃 길

■ 억새밭

사람들이 무장산을 찾는 이유는 십중팔구 정상에 있는 억새밭을 보고자 함이다. 누군가 억새를 대규모로 재배하고 있다는 느낌이 들게 한다. 정상에서 내려다보는 넓은 억새밭은 무어라 형용하기 어렵다.
"가서 보라"는 말로 대신할 수밖에 없다. 이곳은 1970년대에 목장을 경영했던 곳이다. 소들이 한가롭게 풀을 뜯던 초지였다. 초지에 억새가 자라 지금은 온전히 억새바다로 변해 한가롭던 목장이 등산객들의 화려한 차림으로 더욱 아름다운 풍경을 만든다.

계곡을 따라 노래하며 억새밭에 이르면 어느새 세상의 형세조차 잊게 된다. 동서남북 방향이 머릿속에서 두서를 잃는다. 시간과 태양의 위치를 가늠해 겨우 방향을 인식한다. 사방에서 불어 닥치는 바람들은 억새의 머리를 부드럽게 빗질한다. 바람의 방향에 따라 억새들이 일제히 엎드렸다 일어나고 숙이고 다시 일어나는 춤사위의 은빛 파장이 황홀경을 연출한다. 부러지지 않고 휘어지는 아름다운 힘을 본다. 훨훨 날고 싶은 충동이 일게 하는 억새바다.

억새는 갈대와 같다. 아니다 다르다. 억새와 갈대를 외형을 보고 바로 구분하기는 쉽지 않다. 억새와 갈대는 자생지역으로 구분하는 것이 편하다. 억새는 산이나 뭍에서 자란다. 산에 있는 것은 무조건 억새라고 보면 된다. 갈대는 산에서 자라지 못한다. 습지나 물가에서 자란다. 물가에서 자라는 물억새도 있으나 산에 자라는 갈대는 없기 때문이다.

억새는 은빛이나 흰색을 띤다. 가끔 얼룩무늬가 있는 것도 있지만 대개가 실버다. 갈대는 갈색이나 고동색을 띠고 있다. 은빛 갈대라고 노래하는 것은 야량으로 보아 넘겨야 한다.

무장봉 정상에서 동쪽으로 바라본 광경

억새는 대부분 키가 1m 내외로 숏다리다. 일조량이 풍부한 지역에서는 사람의 키만한 억새도 있다. 갈대는 키가 2m이상으로 훤칠하게 쑥 빼어나다. 이정도면 억새와 갈대를 구분하는데 어려움이 없지 싶다. 한 가지 더 다른 점은 억새의 뿌리는 굵고 옆으로 퍼져나가 주변에 잡초가 자라지 못한다. 억새들이 군락을 이루는 이유가 된다. 그러나 갈대는 뿌리 옆에 수염같은 잔뿌리가 많아 다른 풀들과 함께 자란다. 억새의 열매는 익어도 반쯤 고개를 숙이지만 갈대는 벼처럼 고개를 푹 숙이는 모습이다.

여자를 갈대와 같다고 노래한 것은 맞는 말인 것 같다. 억새는 억센 남자 모습이다. 고집 센 할아버지라 할까.

신경림 시인은 '갈대'라는 제목으로 이렇게 노래했다.

언제부턴가 갈대는 속으로
조용히 울고 있었다.

그런 어느 밤이었을 것이다.
그의 온몸이 흔들리고 있는 것을 알았다.

바람도 달빛도 아닌 것
갈대는 저를 흔드는 것이 제 조용한 울음인 것을
까맣게 몰랐다.
―――
산다는 것은 속으로 이렇게
조용히 울고 있는 것이란 것을
그는 몰랐다.

■ 삼겹살과 미나리

 금강산도 식후경이다. 무장산을 더욱 무장하게 하는 것은 삼겹살과 미나리다. 등산객들이 몰려드는 무장동은 입구에서부터 계곡까지 길게 마을사람들이 청정지역에서 재배한 사과, 무, 배추, 더덕 등의 특산물들을 진열하고 등산객들이 즐거이 주머니를 털게 한다.
 도로변에 앉아 특산물을 판매하는 나이 든 아주머니들보다 등산객들이 늘어나면서 규모있게 식당들이 하나 둘 들어서기 시작해 지금은 삼겹살과 미나리가 무장산의 명물이 됐다. 마르지 않는 무장산 계곡의 맑은 물로 재배한 미나리가 상큼한 향을 뿜는다. 미나리 향이 삼겹살의 익은 살점을 휘휘 감아 출출한 산인들의 뱃속을 요리조리 요리한다. 덩달아 막걸리도 등산객들의 뱃속을 유린해 하산길은 갈짓자가 되기 십상이다.

무장산 입구 미나리밭

　무장동의 미나리는 이제 하우스재배로 사계절 맛을 볼 수 있게 됐다. 봄철 한때 즐겨 먹던 삼겹살과 미나리는 1년 내내 가능하다. 상상도 못했던 미나리향을 찬바람이 옷깃을 여미게 하는 늦가을이나 겨울에도 음미할 수가 있게 된 것이다.
　미나리로 만든 음식의 메뉴도 다양하다. 미나리전은 일단 맛을 보고나면 파전은 뒷전으로 밀려나버린다. 미나리가 속을 채운 전병도 꿀맛이다. 미나리는 피를 맑게 하지만 정신도 맑게 하는 효능과 함께 몸과 마음을 건강하게 한다. 전문가들의 으뜸가는 추천식품이다. 이제는 무장산 아래 마을사람들의 주머니도 두둑하게 하는 효자가 됐다.
　억새가 억세게 몸을 흔들어 선경을 연출하는 무장산, 무궁무진한 감성을 불러일으키는 역사 이야기가 묻혀있는 무장산, 몸도 마음도 깨끗하게 정화해주는 미나리와 삼겹살이 유혹하는 무장산으로 힐링여행을 떠나보자.

국립공원 탐방

원조 금강산

경주에는 소금강산이라는 이름을 가진 산이 있다. 신라시대에 금강산으로 불리던 원조 금강산이다. 우리나라 아름다운 산의 대명사로 불리는 북쪽 금강산은 금수강산의 줄임말로 표현되는 단풍과 기암괴석 등의 경치가 좋음을 설명하는 이름이다.

신라시대 금강산은 해석이 다소 다르다. 경주 금강산의 금강은 금강석과 같이 단단함을 의미한다. 단단하다는 것은 불경과 같이 담고 있는 의미가 깊어 더 이상 흩어질 수 없는 만고의 진리를 담고 있는 경전에 붙이는 말이기도 하다. 소금강산에는 굴불사지 석조사면불상, 금동여래입상, 마애삼존불좌상과 같은 불교유적과 백률송순 등의 신비스런 이야기들이 많이 전해지는 곳이다.

경주의 소금강산은 국립공원지구로 지정되어 있다. 소금강산은 여러 탐방코스로 개발돼 방문객들이 줄을 잇고 있다. 굴불사지에서 소금강산 정상을 지나 다불마을로 이어지는 코스와 탈해왕릉에서 백률사로 이어지는 짧은 코스, 다불마을에서 성지골약수터를 지나 금학산으로 이어지는 코스도 있다. 굴불사지에서 소금강산 정상을 지나 동북방향으로 산등성이를 지나 용강동으로 연결되는 코스는 다소 길지만 힐링코스로 가장 선호되는 길이다. 백률사에서 능선을 따라 용강동으로 이어지는 등산길을 걸어본다.

■ 산책로같은 등산로

GYEONGJU HEALING ROAD

경주 소금강산을 오르는 일은 도를 닦는 길이 될 수도 있다. 백률사 주차장에서 굴불사 사방불을 지나 정상에서 북쪽으로 곧장 능선을 따라 용강동으로 이어지는 산길이다. 길은 산 능선을 따라 남북으로 이어지는 산길 3㎞에 이어 시가지 포장도로를 따라 출발했던 백률사 주차장까지 돌아오는 2.5㎞를 포함 모두 5.5㎞ 거리다. 산길 중간중간에 마련된 벤치와 가운데쯤에 넓은 평상에서 쉬거나 천천히 간식을 먹어가면서 걸어도 2시간이면 산길은 종주할 수 있다. 다시 포장도로 30분 거리를 합해 2시간반이면 넉넉하게 완주할 수 있는 산책로다.

산행은 백률사 주차장에서 출발하는 것이 좋다. 시작하는 길이 경사가 급하게 높아진다. 처음 산길로 접어들면서부터 소나무와 갈참나무가 시원하게 그늘을 만들어 반긴다. 걷기 시작해 5분이면 사람들이 엎드려 절하거나 선채로 기도하거나 탑돌이 하듯 맴도는 사방에 부처가 새겨진 큼직한 바위가 나타난다. 보물 제121호로 등록된 굴불사지 사면석불이다. 동서남북에 크고 작은 석불들이 양각 또는 음각, 서거나 앉은 모습으로 중생들을 만난다. 천년보다 훨씬 오랜 시간을 그 모습 그대로 바위를 침실인양 등에 기대어 버티고 있다.

국립공원 탐방

불굴사 석불

역사 속에서 빠져나와 정상을 향한 걸음에 힘을 가해야 된다. 진짜 등산길은 지금부터다. 흙먼지가 일어나는 것을 예방하고 미끄럼 방지, 빗물에 흙이 씻겨 내림을 예방하는 등의 부직포가 깔린 길이 따뜻하게 와닿는다. 가파른 경사길 이지만 등산로 주변에는 갈참나무와 싸리나무 등이 노랗고, 빨간색 등으로 저마다의 개성을 소리쳐 이목을 붙잡는다. 이런저런 생각을 할 사이도 없이 가파른 길을 천천히 올라도 30여분이면 소금강산 정상에 이른다. 산이라 하지만 해발 200m에도 미치지 않는 낮은 착한 산이기 때문에 등산이 아니라 산책이라 해도 좋다.

소금강산 등산로

정상에 오르면 심호흡과 함께 몸을 단련할 수 있는 철봉과 평행봉, 윗몸일으키기, 팔굽혀펴기대, 훌라후프 등의 운동기구들이 다양하게 설치돼 있다. 여기서 몸을 풀고 북쪽 방향으로 능선을 따라 곧장 걸으면 용강동이 나온다. 이 길은 걷기에 편안하다. 혼자 걸어도 무섭지 않다. 능선길에서 서쪽으로 내려다 보면 경주시가지의 모습이 훤하게 보여 마을안길 같기도 하다. 발아래 7번국도, 용황동의 공단, 멀리 예술의 전당이 보이고, 형산강 건너 동국대학교와 새로 들어서는 아파트가 숲을 이루고 있다. 도심 가운데 유난히 울긋불긋 단풍이 든 곳이 눈에 확 들어온다. 경주시민들의 허파라 할 수 있는 황성공원이다.

다시 길을 재촉하다가 살짝 오른쪽으로 난 샛길로 가보는 것도 좋다. 경상북도 유형문화재로 등록된 동천동 선각마애삼존불이 큰 바위에 음각으로 새겨져 있다. 마모가 심해 일부는 잘 보이지 않는다. 삼존불의 형태는 뚜렷하게 구분이 되지만 통일신라 전성기의 불상처럼 예술성이 돋보이는 아름답게 새겨진 불상은 아니다.

다시 북쪽으로 길을 재촉하다보면 산책로 곳곳에 나무뿌리가 혈관처럼 툭툭 불거져 나와 있어 삶의 근원을 되새겨보게 하는 화두가 되기도 한다. 어떤 시인이 풀과 나무에 대해 노래하면서 뿌리가 칭칭 지구를 붙잡고 다른 끝에는 이슬을 얹어두고 무게를 가늠한다고 했다. 산책로에 얼기설기 드러난 뿌리들이 많은 생각을 끄집어낸다.

백률사 오르는 계단

■ 백률송순과 숨은 이야기

소금강산의 소나무들은 이상하다. 능선으로 이어지는 등산로 옆에서 그리 높지 않은 키로 길을 지키고 있는데 허리부분에 싹들이 수염처럼 듬성듬성 나 있다. 가뭄이 심해 수분을 섭취하려는 몸부림으로 몸 가운데에 구멍을 뚫어 싹을 틔웠을까. 왠지 전설의 백률송순이라는 말이 자꾸 생각나게 한다.

소금강산에는 '백률송순'이라는 말이 전해내려 온다. 백률사의 소나무는 가지를 치면 거기에서 새순이 돋아난다는 말이다. 소나무는 생태학적으로 가지를 치면 그곳에서 순이 돋지 않는다. 백률사의 소나무 특성이 신라시대 3기8괴 중의 하나로 기록되고 있다. 3기는 기이한 물건 세 가지로 금척과 만파식적, 화주이다. 여덟가지 괴이한 풍경 8괴는 금장낙안, 불국영지, 나원백탑, 남산부석, 문천도사, 계림황엽, 압지부평에 이어 백률송순이 그것이다.

　삼국유사는 신라의 신령스러운 기운을 가진 네 곳의 땅을 기록하고 있다. 동쪽의 청송산, 남쪽의 우지산, 서쪽의 피전, 북쪽의 금강산이다. 여기 금강산이 지금의 경주 소금강산이다. 소금강산이 원조 금강산이라는 말을 뒷받침하는 기록이다.

소금강산의 소나무

소금강산은 법흥왕이 불교를 공인하기 전에 이차돈의 목을 쳤는데 그의 목에서 흰 피가 솟구치고 하늘이 시커멓게 변하면서 땅이 진동하고 하늘에서 꽃비가 내리며 그의 머리가 떨어진 곳이다. 이곳에 자추사를 지었는데 나중에 백률사로 바꾸어 불렀다.

소금강산은 또 신라시대에 금산, 금강산으로 불렸는데 삼국유사에 박혁거세를 왕으로 추대해 신라를 세운 6부촌장의 근거지 중의 하나인 가리촌이라 설명하고 있다. 명활산 고야촌장 호진이 처음에 금강산으로 내려왔다는 기록도 삼국유사에 전하고 있다.

삼국유사 제3권에는 신라 경덕왕이 백률사로 거동하여 금강산 밑에 이르렀는데 땅 속에서 염불소리가 들려 왕이 땅을 파게 했더니 사면에 불상이 새겨진 돌이 나와 이곳에 절을 세우고 굴불사라 했다는 내용이 있다. 지금 소금강산 백률사로 오르는 길에 절은 없어지고 동서남북 사방에 부처가 새겨진 큰 바위가 있다.

국립공원 탐방

소금강산 백률사에는 신라시대 3대금동불상의 하나인 국보 제28호로 지정된 사람 실물 크기의 금동약사여래입상이 있었다. 지금은 국립경주박물관에 전시중이다. 이 불상 앞에서 기도를 올려 기적이 일어났다는 기록이 있다. 신라시대 화랑 부례랑과 안상이 오랑캐들에게 붙들려 갔다. 또 신라의 보물 만파식적과 거문고가 분실되었다. 이 때 부례랑의 부모가 백률사 금동약사여래입상 앞에서 불공을 드렸는데 어느날 부례랑과 안상, 그리고 보물 만파식적과 거문고가 나타났다고 전한다.

■ 즐비한 먹거리

　　금강산도 식후경이다. 소금강산을 돌아오는 순환도로, 시가지를 걷는 길에는 많은 볼거리와 먹거리가 있다. 불상이 많이 발견되었다던 다불마을이 용강동의 한 자연부락이다. 다불로 50번지에 자연산 참가자미로 다양한 요리를 내놓는 '다불로50'이라는 식당이 있다. 용강동 삼환나우빌 정문 앞에 위치한 식당으로 백률사에서 용강동으로 연결되는 산행의 시작이자 끝 지점이다.
　　다불로50식당은 참가자미로 다양한 메뉴를 개발했다. 참가자미회, 참가자미회덧밥이 주메뉴다. 특히 다불로50은 순수 국산재료를 고집한다. 박종희 대표는 "나이드신 아버님과 아들, 그리고 사랑하는 남편, 가족들의 건강을 위해 시작한 식단으로 이웃의 건강도 함께 보살펴야겠다는 생각으로 식당을 열게 됐다"며 순수 국산재료를 사용하는 배경을 설명했다.

다불로50에서 쓰는 참가자미는 경주 앞바다에서 잡아오는 자연산이다. 참가자미는 양식할 수 없어 자연산일 수 밖에 없다. 참가자미는 학계에서 비타민A, B1, B2, D가 풍부하고 콜라겐 성분이 많이 함유돼 있다고 보고한다.

또 불포화지방산이 풍부하게 함유돼 있어 동맥경화 예방에도 좋으며, 정력강장제로 허약한 몸을 보하며 기력을 돋구어 주는 식품으로 강추한다. 전문가들은 비타민A, B1, B2, D 함량이 높은 식품은 설염, 구내염, 치근염, 질염 등의 염증을 예방하고, 피부미용에 좋으며, 뇌신경에 필요한 에너지를 공급해 정신상태를 맑게 하며 스트레스 해소에 도움이 된다고 설명한다.

다불로50은 식당에서 쓰는 주재료 참가자미는 오전 10시와 오후 3시 등 하루 두 차례 인근 감포바다에서 어민들이 건져올린 싱싱한 채로 가져와 바로 식단에 올린다.

시가지 산책로

다불로 동쪽끝부분에 이름이 정겨운 '궁상각치우'란 닭백숙집이 있다. 러닝맨에도 소개된 경주맛집이다. 늦가을이 내려앉은 고풍스럽고 아름다운 정원을 바라보며 황토벽 방에서 먹는 닭백숙은 그야말로 일품이다.

또 궁상각치우 옆으로 김천 지례 흑돼지구이점인 '돈&콩부인' 돼지고기전문점이 최근에 오픈하여 손님들이 몰려들고 있다. 한적한 도로변에 자리하여 주차장이 넓고 식당 내부는 아늑하면서 깨끗하다. 고소하고 담백하면서 구미를 자극하는 흑돼지 맛은 이곳을 다시 찾게 만든다. 소금강산 주변에 널린 먹거리들은 저마다 특색을 가지고 단골들이 몰려들게 하는 힐링자원이 되고 있다.

용담교와 용담정

 ## 동학 이야기

경주에는 신라 천년이 그대로 녹아 있다. 고려시대 경주의 모습, 조선시대 흔적도 면면히 흐르고 있다. 우리나라 근대사에 획기적인 전환점을 마련했다고 평가되고 있는 동학, 천도교의 발상지 또한 경주에 고스란히 남아 있다.

동학은 우리나라 근대사 최초의 민주화 운동이라는 점에서 역사적으로 크게 부각되어야 할 일이지만 발상지 경주에서조차 신라 천년에 묻혀 천도교도들에 의해 근근이 맥을 이어오고 있는 실정이다. 최근 최제우 생가 복원 등으로 성역화사업이 추진되면서 역사복원사업이 진행되고 있다.

경주 현곡면지역에는 최제우가 태어난 생가, 그의 주검이 묻힌 태묘와 득도에 이르도록 공부했던 장소로 전해지는 용담정이 있다. 경주시는 최제우 유적지를 성역화사업으로 역사문화자원을 조성하면서 둘레길을 만들어 관광자원화 사업으로 전개하고 있다.

경주시가지에서 최제우 생가로 가는 길목에 우렁쉥이쌈밥 식당과 JJ갤러리 등의 특이한 먹거리와 즐길거리가 힐링 명소로 하나씩 자리 잡고 있다.

■ 농민들의 궐기 동학

　조선시대 말기 세도정치로 사회가 혼란하던 1860년 경주의 최제우가 민간신앙과 유교, 불교, 도교를 융합한 동학을 창시했다. 외래종교 천주교의 세력 서학에 반대하는 개념으로 동학이라 불리었다. 동학은 천도교로 이름이 바뀌었다. 반대개념인 천주교와 혼돈해서는 곤란하다.

　동학은 단순한 종교라 해석하기보다 어지러운 정치와 타락한 사회를 바로잡고, 어렵게 살고 있는 민중들의 생활을 구제하려는 반봉건운동이자 서양세력의 침략으로부터 나라를 구하고 백성을 편안하게 하겠다는 반외세 운동의 성격이 크다. 성리학의 지배이념에 대항하는 민중의 저항이념으로 기능했다. 동학은 지배체제를 옹호하고 있던 성리학과 다르게 사회의 구조와 질서를 부정하는 혁명적인 성격을 지닌다.

　동학의 교리는 사람이 곧 하늘이라는 인내천사상이 핵심이다. 모든 사람이 하늘처럼 귀중한 존재라는 의식 때문에 조선 정부는 이단으로 취급하고 탄압했다. 양반 중심의 신분제를 부정하는 동학이 경주와 영덕을 중심으로 급속하게 전국으로 유포되자 정부는 사회의 근본질서 붕괴를 우려했던 것이다. 조정은 동학의 교조 최제우를 세상을 어지럽히고 백성을 속이는 사람이라 단정하고 체포해 죽이고 동학을 탄압했다.

국립공원 탐방

용추각

최제우 동상

　동학은 농민운동에 크게 영향을 미쳤다. 1894년 전봉준이 일으킨 농민항쟁을 동학혁명, 동학운동, 농민전쟁 등으로 표현하는 것도 동학이 농민들의 의식개혁에 직접적인 영향을 끼쳤기 때문이다. 농민항쟁이 전국으로 확산되면서 거세게 일어나 정부기관을 점령하는 사태까지 발전하자 정부는 청나라와 일본군대의 힘을 빌어 농민군을 진압했다.

동학은 최시형과 손병희로 2대, 3대 교주로 이어지면서 종교적 논리를 더욱 분명히 하면서 농민운동으로 확산돼 대정부 투쟁을 벌이는 정신적인 기둥으로 작용했다. 동학은 1894년 농민전쟁에 큰 영향을 끼쳤고 1905년 천도교(天道敎)로 개칭했다.

■ 최제우 생가와 태묘

동학을 창시한 최제우는 1824년 12월18일 경주 가정리에서 출생했다. 그의 집안은 최진립이 의병을 일으켜 순국하여 병조판서로 추서되었으나 후손들은 중앙의 관직을 얻지 못해 쇠락하기 시작했다. 그의 아버지인 최옥도 영남지방에서 비교적 이름이 알려진 문사였지만 과거에 낙방해 관직에는 오르지 못했다. 게다가 최제우는 최옥이 63세 때에 곡산 한씨와의 사이에서 낳은 아들로 재가녀의 자식이라는 사회적 차별을 받아야 했다.

어려서부터 한학을 익혔고, 13세에 울산 출신의 박씨와 결혼했다. 그러나 10세에 어머니를 잃고, 17세에 아버지마저 죽자 3년상을 마친 뒤 1844년부터 1854년까지 각지를 유랑하며 공부했다. 다양한 경험을 하면서 당시 조선 사회가 안고 있던 문제의 해결 방안을 모색하게 되었다. 1854년 고향으로 돌아와

최제우 생가

최제우유허비

처가가 있는 울산 유곡(裕谷)으로 거처를 옮겼다. 1855년 승려에게 을묘천서라는 비서를 얻었다. 1856년 양산의 천성산 내원암에서 입산 기도를 시작했으나 숙부의 죽음으로 중단했다가 이듬해 천성산 적멸굴에서 다시 49일간 도를 닦았다. 1859년 경주로 돌아와 용담정(龍潭亭)에서 수도했다. 그러다 1860년 음력 4월5일 득도하여 동학(東學)을 창시했다.

최제우는 깨달음을 얻은 뒤에 '용담가', '안심가' 등의 한글 가사를 지어 포교 활동을 시작했다. 울산, 부산, 은적암 등으로 옮겨다니면서 '포덕문', '논학문' 등을 저술해 교리와 사상을 체계화했다. 동학의 교세가 빠르게 성장해 조정의 주목을 받게 되자 1863년 8월에 최시형을 북도중주인으로 임명해 도통을 잇게 했다. 자신은 포교 활동을 계속하다가 1864년 1월18일 '삿된 도로 세상을 어지럽힌 죄'로 경주에서 체포되었다. 대구 감영으로 이송되어 심문을 받다가 4월 15일에 대구장대에서 41세의 나이로 처형되었다.

그는 포교를 위해 '용담가', '안심가', '교훈가', '몽중노소문답가', '도수사', '권학가', '도덕가', '흥비가', '검결' 등의 한글 가사를 지었고, '포덕문', '논학문', '수덕문', '불연기연' 등 한문으로 된 글들을 남겼다. 그의 한문 저술들은 1880년 최시형에 의해 '동경대전'으로 편찬되었다. 한글 가사들은 이듬해 '용담유사'로 묶여 간행되었다.

나라에서 동학을 '이단지도'라 하여 '좌도난정'이라는 죄명으로 그를 참형에 처했다. 제자들이 그의 유해를 거두어 구미산 기슭에 안장했지만 역적의 연고

지로 지명돼 상당기간 황폐하게 방치되었다.

경주 현곡면 가정리에 그의 유허비와 생가가 복원돼 있다. 생가는 사랑방과 안채, 곳간, 화장실 등으로 옛날 양반가의 생활상을 엿볼 수 있게 구성돼 있다. 생가 맞은편 구미산에 태묘가 있다. 태묘는 남사지 저수지와 가깝다. 태묘는 저수지 옆 영천으로 이어지는 도로에서 10분 정도 걸으면 만날 수 있는 구미산 발뿌리에 위치해 있다. 석물로 호석을 세운 분묘와 묘비, 석상이 동쪽을 바라보며 햇살을 받고 있다. 사학가들의 방문이 심심치 않게 이어지고 있다.

최제우 태묘

국립공원 탐방

■ 용담정

용담정은 최제우가 고심하며 오랜 수도 끝에 깨달음을 얻어 동학을 창시한 곳에 세워진 정자다. 현곡에서 용담정으로 찾아가는 길은 은행나무가 가로수로 도열해 가을이면 장관을 이뤄 찾는 발길이 줄을 잇는다. 넓은 주차장은 조경수들이 공원처럼 꾸며져 곳곳에서 자리를 깔고 소풍을 즐기는 사람들을 볼 수 있다. 포덕문을 지나면서 최제우 동상과 오솔길처럼 이어지는 산책로를 걷는 일은 마음을 편안하게 한다. 다시 성화문을 들어서면 측백나무숲이 우거져 용담정으로 가는 길을 안내한다. 온몸이 피톤치드 목욕을 하는 상쾌함을 맞볼 수 있다.

용담교 건너편에 높은 누각으로 앉은 용담정은 주변 단풍과 함께 한폭의 산수화로 자연스럽게 포토존이 된다. 용담정 앞의 계곡은 작은 폭포를 이루면서 맑은 물이 마르지 않아 선경과 같은 풍경에 방문객들이 탄성을 자아내게 한다. 아담하게 지어진 용추각 정자는 도인들이 시조를 읊는 소리가 새소리와 장단을 맞춰 구미산에 울려퍼질 듯하다.

용담에서 난 최제우는 장년이 되어 도를 찾고자 10여 년간 전국을 순회하다가 가산만 탕진하고 뜻을 이루지 못하고 다시 용담정으로 돌아와 각도에 전념해 1860년 '오심즉여심'이라는 한울님의 계시를 받아 무극대도를 이루었다 한다. 그는 용담가를 지어 이 득도의 과정과 내용을 서술했다. 용담가라는 가사의 명칭은 용담정의 이름을 딴 것으로 해석된다.

용담정은 1968년 4월 현지에 있는 교인들의 성금으로 정화되기 시작했다. 1974년 구미산 일대가 경주국립공원권에 편입됨에 따라 본격적인 성역화사업이 전개되고 있다.

천도교는 1975년 2월 구미용담성역화추진위원회를 결성해 용담정, 포덕문, 용담정사, 성화문 등을 건립했다. 용담정 일대가 하나의 천도교 성지이자 역사문화관광자원으로 자리매김하면서 찾는 발길이 이어지고 있다.

용담정 입구

국립공원 탐방

■ JJ갤러리

김정자 작가

JJ갤러리는 경주 디자인고등학교 뒤편, 가정리의 용담정과 최제우 생가와 삼각점으로 이어지는 곳이다.

갤러리가 마을과 살짝 떨어진 들판 가운데 위치해 꽃나무들에 둘러싸여 하나의 작품이 되고 있다.

갤러리는 디자인고와 용담정국립공원 입구 두 곳에서 진입할 수 있고 마을안길과 농로로 순환된다.

JJ갤러리는 단순한 갤러리로만 운영되지 않는다. 서양화를 전공하고 구상에서 비구상을 접목해 접은 그림을 창안한 김정자(57) 작가가 작품을 전시하는 공간 갤러리에 카페를 같이 운영해 현대인들의 쉼터로 제공한다.

김정자 작가는 지역작가들에게도 전시공간을 제공하면서 창작활동을 간접 지원한다. 갤러리 한편에 작업실을 마련해 방문객들에게 공개해 자신의 예술세계를 공유하면서 일반인들에게 예술의 한 단면을 엿보는 기회를 제공하기도 한다.

김 작가는 예술인으로 차분한 성격을 가지기도 하지만 외향적인 활달한 성격으로 갤러리를 공격적으로 운영해 지역작가들은 물론 방문객들이 지루하지 않게 전시하는 작품들을 빠르게 전환시킨다. 지난해 11월 오픈해 이제 1년을 맞았지만 벌써 10여 차례의 전시회를 열고 있다. 김정자 작가 본인을 포함해 지역작가 5명을 초대한 '육하원칙'이라는 이름으로 오픈전을 가진 이래 이철진 작가 초대전을 시작으로 기동규, 오승민, 양희린, 최지훈, 김장곤, 이옥희, 서지연 등등 경주와 포항지역 작가들의 다양한 작품전을 열어 예술인들의 공동전시공간이 되고 있다.

김정자 작가는 "지역작가들이 편안하게 전시할 수 있는 공간을 제공하고, 시민들이 즐겁게 예술작품을 감상할 수 있는 자리를 만들어 전시를 관람하면서 쉴 수 있는 카페갤러리로 꾸몄다"고 말했다.

김 작가는 또 JJ갤러리에서 아카데미를 운영해 예술에 목마른 지역예술인들의 창작공간으로도 운영해 갤러리는 다목적 힐링공간이 되고 있다. 전통한방차와 다양한 유기농꽃차, 아메리카노의 은은한 향이 퍼지는 갤러리에 웃음꽃이 피고 있다.

최제우 생가에서 나오면 영천으로 가는 길목 도로변에 '웰빙황토우렁이쌈밥'이라는 간판이 보이고 많은 차량들이 마당을 가득 메우고 있다. 손님들을 끄는 무언가 있는 집이다. 제육철판과 우렁무침회, 우렁쌈밥이 세트메뉴로 구성되어 있다. 우렁쌈밥 정식부터 오리훈제 세트메뉴까지 취향대로 골라 먹을 수 있다. 제육과 우렁은 추가할 수 있고 야채는 대부분 직접 재배하는 신선도 높은데다 셀프로 마음껏 먹을 수 있다. 연중무휴라 어렵게 찾아가서 휴무일이라 돌아서는 일은 없다. 보기 드문 웰빙식단으로 인기다.

국립공원 탐방

 화랑지구

    송화산은 경주 충효동과 석장동 사이에 있는 낮은 산이다. 흥무공원과 김유신 장군의 묘가 있는 사적지를 지나 옥녀봉으로 이어지는 구역이 모두 국립공원으로 지정된 구역이다. 송화산 국립공원지역은 화랑지구로 분류되는 최고봉 옥녀봉이 있는 운동하기 좋은 코스로 인기다.

    옥녀봉으로 오르는 길은 여러 갈래다. 장군교 앞에서 곧장 정상으로 오르거나 흥무공원에서 오르는 길이 쉽고 많이 이용되는 길이다. 또 충효동의 큰마을에서도 등산로가 개설돼 있는데 가장 긴 코스다. 옥녀봉으로 오르는 길은 대부분 왕복 2시간 안쪽의 거리로 가벼운 코스다. 운동이든 산책이든 시간에 구애받지 않고 편안하게 즐길 수 있는 마을 뒷동산 같은 정감이 가는 공원이다. 그러나 안내하는 동반자 없이 하는 등산이라면 하산길에 방향을 잘 잡아야 된다. 여러 갈래로 길이 갈라져 자칫 다른 계곡으로 내려가 낭패를 볼 수 있어 낮은 산이라도 방심은 금물이다. 화랑들의 기상을 느낄 수 있는 최고의 힐링코스 옥녀봉을 올라본다.

■ 만인의 등산로 송화산

　경주 송화산 옥녀봉 오르는 길은 누구나 편하게 오를 수 있는 마을 나들이길 같은 산책길로 정감이 가는 산길이다. 김유신 장군묘역과 흥무공원에서 출발하는 코스로 옥녀봉으로 올라가 본다.

　흥무공원은 넓은 잔디와 철쭉을 비롯한 다양한 화초와 나무들이 아름다운 공원으로 조성돼 이미 시민들의 쉼터로 자리매김하고 있다. 흥무공원에서 시작하는 등산로는 친숙한 나무계단으로 시작해 부드러운 흙길이 완만한 경사로 이어진다. 특히 송화산 기슭에는 진달래와 철쭉이 군락으로 서식하고 있어 봄철이면 찾는 이들이 부쩍 늘어난다. 가을철이면 등산객이 더욱 늘어난다. 곳곳에 활엽수들이 총천연색으로 단풍들어 금강산도 못지않을 정도로 아름다워진다. 소나무의 진한 향기와 장군봉 서쪽 옆으로 길게 이어진 신우대 숲길에서 속삭이듯 들려오는 서걱이는 바람소리는 고향마을 뒷동산에 누워서 즐기는 서정을 선물한다.

국립공원 탐방

여름철에도 울창하게 우거진 소나무와 참나무가 숲을 이뤄 그늘길이 되면서 매미, 이름 모를 풀벌레, 꿩과 비둘기, 산꾀꼬리 등의 새들과 곤충들이 눈에 띄어 자연 속으로 빠져들게 한다.

송화산 최고봉은 옥녀봉이다. 최고봉이라 해도 해발 276m 높이가 고작이다. 그러나 해안과 연접해 있는 지역이라서 일반 고도보다 높게 느껴져 결코 만만하게 볼 것도 아니다. 흥무공원에서 옥녀봉까지 거리는 왕복 4㎞에 약간 못미친다. 산길이지만 천천히 걸어도 2시간이면 돌아올 수 있는 길이다. 아름다운 사람과 손잡고 정담을 나누며 걸어도 2시간이면 넉넉하다.

그래서 옥녀봉 오르는 길은 데이트 코스로도 적당하다. 옥녀봉으로 쉬지 않고 오를라치면 손에 땀이 나도록 몸에 피가 힘차게 돌면서 마음도 훈훈하게 데워 어떤 문제든 긍정적으로 해석하게 하는 힘이 생긴다. 정년퇴직을 한 장년에 든 사람들이 한가로이 오르며 건강을 유지하는 코스로도 좋다. 볕이 좋은 시간에 나이 든 등산객들을 많이 만나게 되는 것을 보면 송화산이 가진 따뜻함이 느껴진다. 운동선수들의 트레이닝 코스로도 그만이다. 빠르게 달려 올랐다가 다시 날듯 내려오는 운동하기에 좋은 오르막과 내리막이 적당하게 조합된 코스여서 스포츠 선수들에게도 인기다.

등산로 곳곳에 조성된 운동기구와 벤치는 시원한 공기를 무한정 공급하며 편안한 마음을 갖게 하는 신선한 에너지공장이 된다. 그러나 옥녀봉 정상 막바지에 이르러서는 가파른 경사길로 형성돼 단숨에 뛰어오르기는 어렵다. 누구나 거친 호흡 한 번쯤은 내뱉게 하는 옥녀의 고집을 경험하게 한다. 대신 옥녀봉에 올라 이마의 땀을 훔치며 돌아서면 훤하게 조망되는 서라벌 전경과 시원한 바람이 바다냄새까지 실어오기도 한다. 도심 가운데 커다란 고분들이 무리지어 엎드려 있는 경주의 이색적인 경치도 시선을 잡는다. 야호! 저절로 외치고 싶게 한다.

갈림길

쉼터와 운동기구

■ 옥녀봉과 장군봉

송화산 최고봉은 옥녀봉이다. 옥녀봉 아래 불룩하게 오르막을 형성하고 있는 봉우리가 장군봉이다. 옥녀가 장군을 거느리고 있다는 생각에 의아스러워진다. 장군이 가장 높은 자리에 앉는 것이 당연할텐데 라는 의구심이 든다.

옥녀봉과 장군봉 이름은 마을사람들이 지었는데 오래 전부터 마을에 전설 아닌 전설로 전해져 내려오고 있는 이야기가 있다. 옥녀라는 여인이 자식도 없이 홀로 살면서 어마어마하게 많은 재물을 모았다. 옥녀가 죽음을 앞에 두고 자신의 모든 재산을 마을에 기탁하면서 언제든 자신이 살았던 마을과 세상이 두루두루 잘 보이는 산꼭대기에 묻어주길 당부했다. 마을사람들은 그녀의 마음을 칭송하면서 마을 뒷산 정상에 장사지내고 옥녀봉이라 불렀단다. 마을 이장은 그 재물을 관리하면서 마을을 이롭게 하는 일과 후학을 양성하는 장학사업 등에 조금씩 사용했다 한다.

그런데 최근 옥녀봉의 옥녀 산소가 파헤쳐지고, 그 재물도 몇몇 사람들의 공동명의로 이전되어 활용도가 공정하지 못하게 쓰이기도 하고, 부동산 일부가 이리저리 매각되면서 재산이 턱없이 줄어들고 있다는 이야기들이 풍문으로 떠돌고 있다.

이야기의 사실 여부는 아무도 모른다. 옥녀봉을 오르내리다 보면 가끔씩 들리는 전설 아닌 전설처럼 입에서 입으로 전해진다. 등산객들의 마음이 그녀를 위로해 줄 수 있을는지 걱정스럽다.

■ 화랑들의 이야기

신라 삼국통일의 배경에는 화랑들의 용맹스런 기지가 어김없이 등장한다. 나라의 동량이 되었던 화랑들의 이야기는 무수하다. 삼국통일의 주역으로 손꼽히는 김유신 장군과 무열왕 김춘추는 화랑의 우두머리였다. 김유신 장군의 유적이 송화산 기슭 화랑마을에 자리하고 있다.

경주국립공원 화랑지구의 뿌리는 역시 김유신 장군이다. 김유신 장군의 묘역에서 옥녀봉으로 오르는 길목에 화랑 관창, 사다함, 응렴의 이야기가 기록된 현판이 그림책처럼 그려져 보기 좋게 나지막하게 서 있다. 김유신 장군의 일대기가 만화처럼 한 폭에 그려져 있고, 황산벌싸움에서 물러서지 않고 나아가 계백장군에게 창끝을 높이 쳐들었던 관창과 노블리스 오블리제를 실천했던 사다함, 왕이 되었던 응렴의 이야기를 소개한 현판도 따로 서 있다.

화랑 관창은 660년 신라가 당나라와 손잡고 백제를 칠 때 황산벌에서 계백장군을 만나 고전을 면하지 못했다. 그 때 관창은 16세의 어린 나이로 혼자 적군을 향해 창을 들고 뛰어 들었다. 백제에 포로가 되었지만 백제의 계백 장군이 어린 용맹을 가상하게 여겨 그냥 풀어 주었다. 그러나 관창은 다시 창을 들고 백제군을 향해 돌진하자 계백장군이 안타까워하며 관창의 목을 베었다.

말 위에 주검으로 돌아온 관창을 본 신라 군사들이 의분에 총궐기하여 백제를 멸망시켰다. 어린 화랑 관창의 충의가 신라군사들의 마음에 불을 지폈던 것이다.

사다함은 내불왕의 7대손으로 용모가 깨끗하고 준수했다. 뜻과 기백이 넘쳐나며 반듯해 주변에서 화랑으로 추천하는 사람이 많아 화랑이 된 특별한 사례를 남겼다. 그의 인품이 출중해 사다함을 따르는 무리가 1천명이 넘었다. 따르는 이들이 모두 사다함을 존경하며 믿음으로 복종했다. 그가 15세 때 이사부가 가야국을 정벌하는 전쟁에 출정해 큰 공을 세웠다. 그 공으로 밭과 가야인 포로 300명을 상으로 받았지만 모두 병사들에게 나누어주고, 포로는 모두 풀어주었다.

사다함은 또 어릴 때 무관랑과 우정을 맺어 죽음을 같이 하기로 했는데 무관랑이 병으로 죽자 그도 7일 동안 통곡하다가 17세에 죽었다. 노블리스 오블리제를 실천한 화랑으로 후세까지 길이 그를 칭송하고 있다.

하산길 석장동

응렴은 신라 47대 헌안왕이 그의 재주 많음을 알고 궁궐로 불러 연회를 베풀면서 질문을 했을 때 현명하게 답변해 공주와 혼인하게 하고 후계자로 삼아 48대 경문왕에 올랐다. 헌안왕의 질문에 응렴은 "아름다운 행실의 사람 셋을 보았습니다. 남의 위에 있을 만하면서도 겸손하여 남의 아래에 있는 사람, 매우 부유하지만 의복은 검소한 사람, 본래 귀하고 권세가 있으나 이를 함부로 쓰지 않는 사람, 곧 부와 권세를 뽐내지 않는 겸손하고 청렴한 사람을 보았습니다"라고 답하여 왕의 사위가 되고 후계자가 되었다.

송화산 산책로

■ 화랑마을 (신화랑체험풍류벨트)

 경주시가 송화산 동편자락에 1천9억 원의 사업비를 들여 신라의 화랑정신문화와 연계한 힐링체험공간으로 다양한 시설을 설치해 화랑마을 신화랑풍류벨트를 조성한다. 화랑마을은 신개념 힐링 체험공간으로 조성돼 경주의 새로운 관광 메카로 문화관광산업을 이끄는 신성장 동력으로 기능할 것으로 기대된다. 송화산 일대가 화랑마을로 완전히 탈바꿈하게 된다.
 화랑마을은 2010년부터 시작해 2018년까지 9년간 석장동 산 105번지 일대에 화랑교육과 체험, 휴양단지로 꾸며진다. 역사적인 화랑들의 활동을 조명할 수 있는 전시관과 2개 동의 교육관, 320명이 머물 수 있는 생활관, 수련교육기관명상관 등의 주요시설이 들어선다.
 어울림마당과 화랑들의 수련장소를 재현한 상인암동굴, 다양한 체험시설인 도전모험시설, 화랑무예체험관, 자연학습장, 국궁장, 600명이 함께 어울릴 수 있는 야외무대, 도전모험시설 등의 다양한 체험시설이 속속 모습을 보이고 있다.

또 부대시설로 화랑공원이 조성되고 일반인들도 즐길 수 있는 휴양 치유생태 숲길, 참살이 마당, 저수지에 인공폭포를 설치한 수의지 폭포, 김유신장군묘와 옥녀봉으로 연결된 김유신의 길이 산책로로 조성된다. 산책로는 경주국립공원관리공단이 데크를 설치하고, 운동시설, 부직포 매설 등으로 등산하기에 적합한 공원으로 꾸민다.

산책로

건축물은 현재 대부분 완공단계에 있고, 조경시설도 거의 마무리 작업만 남겨두고 있어 연말이면 경주의 새로운 관광패러다임을 자랑하는 문화관광의 상징건물로 자리매김할 것으로 기대된다. 경주가 역사문화관광자원에 체험시설이 풍부한 국제적인 문화관광힐링도시로 진화하고 있다.

국립공원 탐방

 서악지구

　경주는 어딜 가도 공원이다. 아주 오래된 시간들이 지나간 흔적들이 완연한 역사문화유적들이 자연스럽게 오늘의 시간들을 만나고 있다. 특히나 나라에서 지정한 국립공원이 8개소나 경주지역 군데군데 특별한 문화유적과 함께 이색적인 향기를 풍기며 방문객들을 맞고 있다.
　선도산은 국립공원 서악지구로 분류된다. 선도산은 오르기 전부터 무열왕릉과 무열왕의 둘째아들이자 삼국통일의 숨은 주역 김인문의 묘와 보물 귀부, 김양의 묘, 베일에 가린 덩치 큰 고분들이 줄지어 서 있는 사적지로 호기심을 불러일으킨다.
　본격적인 등산을 하기 전에 마을을 벗어나면서 서악동 삼층석탑과 어우러진 구절초, 어디에서도 쉽게 볼 수 없는 최근에 드러난 내륙의 주상절리군, 여느 왕릉과 다르게 초라한 모습의 진흥왕릉과 진지왕릉, 헌안왕릉, 문성왕릉 등의 고분들이 줄지어 쉼등을 이루고 있다.

선도산 꼭대기에 이르면 거대한 크기로 신비감마저 불러일으키는 마애삼존불과 성모사, 서형산성의 흔적이 감성을 자극한다. 산 전체가 역사문화유적과 어우러진 아름다운 등산로로 연결되면서 서라벌의 넓은 들을 바라볼 수 있는 시원한 조망권이 힐링의 적지로 손꼽힌다. 성인들의 보통걸음으로 왕복 2시간이면 넉넉하게 다녀올 수 있는, 간편복에 등산화만 갖춘다면 누구나 편안하게 오를 수 있는 코스의 힐링자원이다.

■ 선도산

선도산은 해발 390m 로 그리 높지는 않지만 경사가 꽤나 심한 경주의 서쪽에 위치한 산이다. 선도산 입구의 마을 이름이 서악으로 불리는 걸 보면 신라시대에도 현재 경주시가지가 도심의 한가운데였다는 걸 쉽게 짐작할 수 있다.

선도산은 국립공원으로 지정된 서악지구로 분류되면서 다양한 역사문화자원이 분포해 있지만 다른 국립공원에 비해 상대적으로 편의시설은 미비한 편이다. 선도산을 오르는 길은 짧은 등산길이어도 경사도가 가팔라 쉴 수 있는 쉼터가 필요하지만 흔한 벤치 하나 찾아보기 어렵다. 등산로는 대부분 고스란히 햇빛에 노출된 길이어서 그늘을 찾아 쉬어 갈 수 있는 편의시설은 찾아볼 수 없다는 것이 아쉬움이다.

그러나 비교적 짧은 산행 거리여서 일단 정상부위에 오르면 시원한 전망을 즐기며 앉아서 쉴 수 있는 사찰이 있다. 8부 능선에 위치한 사찰 옆에는 마애여래삼존입상이 있고, 신라 시조왕 박혁거세를 잉태했다는 전설의 성모를 모시는 사당이 있다. '성모사'라는 이름의 전각이다.

성모사는 신라 시조왕 박혁거세를 잉태했다는 성모를 모시는 사당이다. 성모 설화는 삼국유사에 기록으로 남아 있다. 박혁거세의 출생에 대해서는 나정의 알에서 태어났다는 설과 두 가지의 설화가 전하는 셈이다.

진평왕대에 지혜라는 여승이 안흥사에 머물고 있었다. 불전을 수리하고자 했으나 힘이 미치지 못했는데 어느 날 꿈에 선녀가 '나는 선도산신모이다. 내가 앉은 자리 밑에서 금을 가져다 주존삼상을 장식하고 벽에는 오십삼불과 육류성중과 여러 천신 오악신군을 그려 매년 봄과 가을에 열흘 동안 선남선녀를 모아 중생을 위해 점찰법회를 열어라' 하여 깨어나 신사에 가서 꿈속의 신모가 앉았던 자리를 파서 황금 160냥을 얻어 불전을 수리했다. 신모는 본래 중국 황실의 딸로 이름은 사소(娑蘇)다. 사소는 신선의 술법을 터득해 신라에 들어와 머물자 황제가 소리개 발목에 편지를 매달아 보내면서 이 소리개가 멈추는 곳에 집을 지으라고 했다. 사소가 편지를 보고 소리개를 놓으니 선도산에 날아와 멈추었다. 사소가 선도산에 집을 짓고 지신이 되어 신라를 지키면서 신령스럽고 이상한 일이 많았다 한다.

성모사

GYEONGJU HEALING ROAD

삼국사기에도 옛날 중국 황실의 딸이 남편 없이 잉태해 사람들이 의심하자 배를 띄워 진한으로 가서 아들을 낳으니 해동의 시조왕이 되었다. 황실의 딸은 지상의 신선이 되어 선도산에 있는데 이것이 그녀의 상(像)이다고 기록하고 있다.

신비스런 분위기의 성모사에서 300m 오르면 선도산 정상이다. 서형산성의 잔재로 보이는 굵고 작은 바위들로 돌탑 여러 기를 쌓아둔 것을 볼 수 있다.

■ 마애여래삼존입상

성모사 바로 옆에 산의 암벽에 높이 7m의 여래상이 입체로 새겨져 있다. 좌우에 별개의 바위로 새겨진 보살상이 좌대에 안치된 특이한 형태의 삼존불이 동남쪽을 바라보며 우뚝 서 있다. 선도산 마애여래삼존입상으로 불리는 보물 제62호로 지정된 석불이다. 선도산 정상부위 높은 곳에 아미타불을 조각한 이 **유를 두고 신라인들은 서악인 선도산을 서방정토로 여겼기 때문이라고** 풀이한다.

  선도산 정상의 마애여래삼존입상 앞에 서면 답답한 기운이 엄습한다. 높이 우뚝 선 부처와의 거리가 뒤편 언덕 때문에 아주 가까이 마주해 높이 우러러 보아야 하기 때문일 수도 있겠다. 삼존불 중에 가운데 여래상은 콧날이 우뚝 솟은 것이 장군의 기상이다. 얼굴 윗부분이 콧등을 두고 빗금을 긋듯이 양쪽이 자르듯 날아가고 없어 신비감을 주기도 한다. 부처라기보다는 차라리 기백이 넘치는 장군의 동상으로 보이기도 한다.

  여래삼존입상은 일반 석불과 달리 청색을 띠고 있다. 몇 해 전에 산불이 발생했을 때 화기가 불상에 영향을 미쳐 고온으로 바위에 균열이 가속화되면서 불상의 훼손이 심해지고 있다. 대책이 시급하다는 시민들의 걱정하는 목소리가 높다.

쉰등길

불상들의 높이가 7m에 이르러 위압감마저 느끼게 하지만 중생들을 보살피는 미소는 여느 부처와 비슷하다. 누구나 합장하고 마음으로 기원하면 무엇이든 들어줄 것 같지만 정작 부처들의 조각이 얼굴을 비롯해 팔과 몸통의 일부가 떨어져 나가 안타깝게 한다.

■ 용작골 주상절리

국립공원 탐방

주상절리

    서악동 마을을 벗어나 선도산으로 오르는 입구에서 정상 방향으로 깊숙하게 패인 계곡이 있다. 이 계곡을 따라 사각형, 오각형, 육각형 모양의 바위들이 기둥을 이루는 주상절리로 신비스런 풍경을 연출하고 있다.
    주상절리는 지표로 분출한 용암이 식을 때 수축작용에 의해 수직의 돌기둥 모양으로 갈라지는 절리가 기둥 모양이어서 불리는 이름이다. 현무암에 잘 나타나지만 조면암, 안산암 등으로 발달하기도 한다. 주상절리가 발달하는 곳은 풍화와 침식을 받으면서 수직 절벽이 형성돼 하천이나 해안에 형성될 경우 폭포가 만들어지기도 한다.
    경주에는 해안에 양남 주상절리군이 크게 발달하였고, 선도산 주상절리는 바위가 자잘하게 갈라진 모습으로 최근 발견됐다. 또 선도산의 주상절리는 현무암이 아닌 안산암질의 절리로 수직의 기둥, 빗금처럼 사선으로 발달한 기둥, 바위에 빼곡하게 장작을 쌓아둔 것 같은 모양 등으로 다양하게 발달해 눈길을 끈다. 여름에는 계곡으로 이어져 시원한 바람을 선물하고, 겨울에는 졸졸 흐르는 개울물이 얼고, 언덕에서 흘러내리는 물줄기가 거대한 고드름을 만들어 또 다른 볼거리를 만든다.
    주상절리가 발달한 계곡은 옥황상제의 벌을 받던 황룡이 죄업을 다하고 승천했던 곳이라 하여 용작골, 용지골로 불린다. 계곡 입구에 성혈군이 발견되는 청색의 바위는 용바위로 불리는데 이 또한 황룡과 함께 옥황상제의 벌을 받던 청룡이라는 전설이 있다.
    용작골의 주상절리는 최근 발견되면서 아직 관광객은 물론 경주시민들에게 조차 잘 알려지지 않아 새로운 관광자원으로 각광받을 것으로 기대된다.

■ 선도산 등나무쉼터

　선도산은 신라시대 서악으로 불렸다. 서라벌의 서쪽에 있는 산이라는 뜻이다. 선도산은 경주 서쪽의 대표적 산이라 할 만큼 지금도 당시의 유적이 많이 남아 있다.

　우리나라 사람이면 누구나 다 아는 무열왕의 능이 이 선도산 발뿌리에 자리잡고 있다. 무열왕 김춘추의 둘째 아들이자 삼국통일의 숨은 일등공신 김인문과 그의 흔적을 추억할 수 있는 김인문의 묘와 귀부가 안내판을 설치해 두고 손님들을 기다리고 있다. 김인문 묘 옆에는 김양산의 묘가 형제처럼 나란히 누워 있다. 김양산에 대한 이야기만 해도 신라시대 역사의 1/3은 차지한다 해도 과언이 아니다. 흥미진진한 스토리를 간직한 인물이다. 무열왕릉 뒤편에는 사가들의 입에서도 그 주인공을 두고 치열한 말다툼거리가 되고 있는 4기의 고분이 나란히 선도산 줄기를 타고 줄을 서듯 도열해 있다.

　선도산의 뿌리부분에 마을이 부채꼴 모양으로 형성돼 있다. 서악동이다. 서악동 가운데는 조선시대 말엽 전국의 47개 서원을 두고 모두 철폐하는 사건이 있었을 때도 건재하고 있는 서악서원이 당시의 형태를 그대로 간직한 채 남아 있다. 또 거의 서원에 맞먹는 규모로 지어진 도봉서당도 조선시대 일반적인 서원의 형태를 닮은 모습으로 남아 있다.

　선도산에 오르기 위해 우선 집결하는 장소로 무열왕릉 앞의 등나무쉼터로 약속하는 것이 좋다. 아주 넓은 주차장이 있고 공중화장실과 연접해 등나무가 지붕처럼 둘러쳐진 그늘 아래 벤치가 마련돼 있어 40~50명은 너끈하게 앉을 수 있다. 힘에 겨운 사람들이라면 선도산을 오르지 않아도 등나무쉼터에서 역사 이야기나 나누다가 무열왕릉 뒤편으로 이어진 4기의 고분을 둘러오는 산책길도 제법 운동량이 된다. 이곳 등나무쉼터가 경주 선도산국립공원 서악지구의 힐링센터 근원이 되기도 한다. 이번 주말에는 무열왕릉 앞의 등나무쉼터에서 번개팅으로 선도산 국립공원을 둘러보는 것도 힐링이 되겠다.

국립공원 탐방

단석산 정상의 단석

 ## 단석산지구

    경주에 위치한 산들은 신화 같은 역사적 이야기들을 하나씩은 다 갖고 있다. 경주 어디를 가든 사적지요 공원인 것처럼 단석산도 문화재와 전설을 간직한 국립공원이다. 산 이름에 드러난 것과 같이 칼로 베어진 듯한 바위가 있고 김유신 장군의 수련 이야기와 바둑을 두던 신선들의 전설이 서려 있다.

    단석산에 오르는 길은 크게 네갈레로 구분된다. 일반 등산객들의 걸음으로 1시간에서 3시간반까지 다양한 코스다. 등산 시간은 출발점에서 정상까지 오르는데 걸리는 시간이다. 왕복시간은 어떤 코스를 택할 지에 따라 달라진다. 가장 빨리 오를 수 있는 코스가 신선사로 오르는 길이다. 국보 199호로 지정된 신선사 마애불상군을 만나볼 수 있는 길이어서 추천할 만하다. 이 길은 가을이면 산행을 하면서 알밤 줍는 재미가 쏠쏠한 코스다. 그러나 올라갈 때는 코가 땅에 닿을 듯이 경사가 급하다.

    단석산은 경주 부근에서는 가장 높은 봉우리로 해발 827m, 거의 1천 고지에 육박해 정상에 서면 시원한 조망권으로 가슴이 확 트인다. 산행에 익숙하지 않은 초보자라 해도 짧은 거리에 재미난 이야기거리가 있는 신선사 코스가 흥미진진하고 힐링하기에 좋다.

GYEONGJU HEALING ROAD

■ 단석산 오르는 길

　단석산 정상으로 가는 길은 크게 네 갈레다. 우리는 태어나면서부터 매시간 무수한 선택을 하게 된다. 선택에 따라 삶의 방향과 질이 달라진다. 단석산 오르는 코스를 선택하는 것에 따라 힘난한 길과 편안하고 즐거움을 누릴 수 있는 정도가 차이나게 된다. 한꺼번에 다 할 수 없어 아쉬움이 남는 것도 일상사와 같다. 선택하면서 포기도 함께 해야 하는 것이 세상이 정한 불변의 진리라는 것을 등산 코스를 더듬으면서 또 경험한다. 더 나은 선택을 위해 잠시 고민하는 것은 이해해야 할 최소한의 배려가 된다.

▶ 감산리 당고개휴게소에서 단석산 정상으로 올랐다가 반대 방향으로 하산길을 잡아 백석암을 지나 백석마을로 내려오는 길이 단석산행에서는 가장 긴 코스다. 단석산을 종단하는 7.1㎞ 거리로 보통 사람들의 걸음으로 부지런히 걸어도 4시간은 잡아야 된다. 정상에서 도시락이라도 먹고, 산행에 익숙하지 못한 사람이 함께 천천히 쉬어가면서 걷는다면 6시간 정도 계산하고 출발해야 되는 코스다. 봄이라면 철쭉과 진달래 군락, 참나무와 다양한 수종의 꽃들을 감상할 수 있는 보너스는 다른 코스에 비해 풍성하다.

국립공원 탐방

단석산 정상에서 보는 옥녀봉

▶OK수련원에서 단석산 정상으로 바로 오르는 길은 비교적 완만한 경사로 편안한 길이다. 산에 익숙한 등산객이라면 오르는데 1시간30분이면 된다. 그러나 초보자와 동행한다면 2시간도 넉넉하지는 않다. 왕복 4시간 코스로 계산하면 도시락을 챙기고 정상주를 즐기는 시간도 되겠다. 갈림길도 없는 비교적 단순한 코스로 중간쯤에서 삼거리가 나오지만 안내 표지판이 설치돼 길 잃을 염려도 없다.

▶천주암에서 단석산으로 오르는 길도 거리가 만만치 않다. 3.3㎞ 산길이다. 왕복하면서 이곳저곳 풍경이라도 감상하는 거리를 계산하면 7㎞는 넉넉히 걸어야 된다. 편안하게 산행하려면 5시간 코스로 계산하는 것이 일정에 무리가 없다. 이 코스에는 수리바위, 눈바위, 불선바위 등의 단석산이 자랑하는 이색적인 바위와 절경을 감상할 수 있다.

▶단석사로 불리다 신선사로 다시 고쳐 불리는 사찰이 있는 코스가 단석산의 유래와 전설을 이해할 수 있는 가장 재미있는 산행길로 추천된다. 걸음이 부담스런 초보라면 신선사까지 차량으로 진입해 걸어가는 것도 괜찮다. 신선사까지 오르는 길은 워낙 경사가 심해 승용차는 어렵다. 신선사 초입의 오덕선원이나 국립공원안내센터가 있는 곳에 차를 세우고 걷는 것이 좋다. 왕복 5㎞ 정도 짧은 코스라 3시간이면 다녀올 수 있다. 신선사에 참배하고, 국보 마애불상을 감상하는 시간, 김유신 장군의 이야기를 들어보는 시간 등을 계산한다면 이 코스도 4~5시간 정도는 잡아야 한다.

코스마다 특색이 있지만 대부분 봄, 여름, 가을이 풍성한 편으로 진달래와 철쭉, 다양한 수종의 야생화, 특이한 바위와 어울리는 빼어난 경치와 전망이 좋아 등산코스로 좋다. 특히 김유신 장군과 화랑의 이야기를 비롯한 전설이 얽힌 사적지라 힐링하기 좋은 산이다.

■ 급경사 산길에서 낭만 찾기

건천읍사무소에서 건천IC 방향으로 운전해 곧바로 산내면 방향으로 직진한다. 고갯길로 접어들어 조금만 운전하면 왼쪽으로 진입하는 '단석산 마애불' 안내표지판이 있다. 표지판을 잘 살펴 진입하면 외길이어서 길을 잃을 염려는 없다. 곧 마을이 나타나고 높은 불상과 함께 '오덕선원'이라는 사찰 냄새 진하게 풍기는 건물들이 나타난다. 길게 계곡을 따라 길이 이어진다. 우중골이라 불리는 깊은 계곡이다. 오덕선원을 지나면서 경사가 가팔라지기 시작한다. 국립공원안내센터에 주차를 하고 걸어가는 것이 좋다. 가파른 길을 시작하면서 호흡을 가다듬어야 한다. 가을이라면 길을 걸으면서도 알밤을 주워 깨물어가며 등산하는 재미도 있다.

국립공원 단석산 안내간판이 있는 곳에서부터는 본격적인 오르막길이 시작된다. 여름 폭우가 내린 다음이라면 오른쪽 우중골에서 쏟아지는 폭포수 같은

우렁우렁 흘러내리는 물소리를 들을 수 있다. 평소에도 계곡이 깊어 맑은 계곡물에 발을 담글 수 있어 여름철에는 피서지로 딱이다. 계곡의 풍치는 여느 계곡에 못지않다. 머루나무와 다래덩굴이 우거져 있고, 여름 열매의 달콤한 과즙도 맛볼 수 있다. 깊은 산도 아니면서 어릴 때 맛보았던 추억까지 덤으로 건질 수 있어 등산객들이 제법 많다.

신선사 뒤로 이어지는 등산로

   계곡을 따라 올라갈 수도 있지만 돌이 험하다. 계곡 옆으로 좁게 개설된 도로를 따라 정상으로 오르는 길은 하늘길이라도 되는 양 쉽게 지치게 할 정도로 급경사다. 코가 땅에 닿을 것 같은 길이다. 다행스런 것은 그리 길지 않다는 것이다. 반시간 정도의 느린 걸음으로 피안에 들 수 있는 신선사 대웅전을 마주할 수 있다. 김유신 장군이 도를 득해 보검으로 바위를 갈라 단석산으로 불리는 산이름을 따라 단석사로 불렸다. 신선들의 바둑을 구경하다 집에 돌아오니 부인의 머리가 하얗게 되어버린 50년이란 시간이 후딱 지나갔다고 해서 붙여진 본래 신선사로 다시 고쳐 부르는 절이다.
   신선사에서 오른쪽으로 고개를 돌리면 100m 떨어진 곳에 마애불상군이 새겨진 큰 바위가 있다. 불상군 바위를 지나 본격적인 산행이 시작된다. 단풍나무가 사방으로 널려 있다. 가을이면 선홍색 단풍이 햇빛에 번뜩이는 휘황찬란한 빛의 환희를 경험할 수 있다. 겨울로 접어드는 12월에도 단풍잎은 본래의 색에서 약간 바랜 채 바람에 흔들리며 떨어지지 않고 있어 아쉬운대로 단풍멋을 즐기게 한다.

가파른 산길을 오르는 것은 힘에 부친다. 호흡이 거칠어진다. 왜 산에 오르는가? 산이 거기 있기 때문에 오른다는 선문답이 떠오르기도 한다. 아무리 정 깊은 사람과 오르는 길이어도 말을 아껴야 할 때다. 급경사길을 오르면서 말을 한다는 것은 쉽게 지치게 한다. 말을 한다는 것이 얼마나 에너지를 크게 소모시키는 일인지 등산을 하면서 말을 해보면 실감하게 된다. 겹겹이 외투를 껴입게 하는 계절이어도 중턱쯤 오르면 등에서부터 땀이 흐른다. 운동이 몸을 뜨겁게 한다. 피가 데워진 채로 전신을 빠르게 돌면서 에너지를 분출시킨다.

중턱에 이를 때쯤 코바위가 나타난다. 하늘로 고개를 들면 고바우 영감 모습 그대로 어두운 바위색의 얼굴이 드러난다. 위로 올라가보면 서쪽에 그만한 바위가 하나 더 있어 쌍바위라 부른다. 대개 여기쯤에서 간식을 먹는다. 쉬어 갈 수 있는 제법 넓은 평지와 큰 바위가 편안함을 준다. 다시 정상까지 가파른 오르막을 오르려면 충분한 재충전이 필요하다.

다시 출발하는 길은 낙엽으로 덮힌 푹신한 낭만길이다. 갈참나무와 떡갈나무 등의 활엽수들이 수북하게 길을 덮고 있다. 등산길에 쌓인 낙엽더미가 무릎 절반까지 차오른다. 낙엽으로 눈싸움이라도 한 판 해도 좋을 것 같다. 정상까지 계속해서 낙엽 쌓인 길이다.

내려올 때는 아주 조심해야 된다. 낙엽길은 그대로 썰매장이 된다. 다치기 쉽다. 경주소방서는 쌍바위 위에서부터 단석산 구조신고지점 일련번호를 기록

국립공원 탐방

신선사 대웅전

한 안내표지판을 걸어두고 있다. '도움이 필요하신 분은 이곳의 위치번호를 119로 신고하시고 이동하지 마십시오. 신속하게 구조하여 드리겠습니다'라며 친절하게 안내한다. 등산객들의 마음을 편안하게 한다.

굵고 가는 나뭇가지를 붙잡고 오르는 산길은 힘이 들지만 즐겁다. 마음을 넉넉하게 한다. 시원한 피톤치드가 폐부 깊숙이 들어와 머리를 시원하게 정화시켜주는 것 같다. 좁은 길에서 만나는 사람들은 하나같이 밝은 얼굴로 반갑게 인사한다. 마이크 앞에서 싸움질에 이골이 난 정치인들이 단석산을 오르면 반갑게 인사하지 않을까 싶은 객쩍은 생각을 해본다.

단석산 계곡과 낙엽길

정상 300여m를 두고는 제법 평평한 길이 나온다. 단석산이 힘겹게 오른 산객에 베푸는 후한 인심처럼 느껴진다. 이곳에는 철쭉과 진달래가 지천이다. 늦봄에 오르면 진달래와 철쭉의 분홍색동 춤사위에 취하게 된다.

국립공원사무소는 정상부근의 진흙길에 부직포를 설치해 미끄럼을 방지한다. 친절한 손길이 감사하게 느껴져 마음이 한결 따뜻해진다. 억새군락을 지나 시원한 바람이 불어온다. 사방이 확 트여 경주시가지와 함께 선도산과 송화산, 토함산, 남산 금오봉과 고위봉이 한눈에 굽어 보인다. 단석산은 해발 827.2m로 경주에서 가장 높은 산이다.

'단석산(斷石山)'이라고 청석에 하얗게 새겨진 글자가 유별나게 크게 보인다. 단석산 표지석 옆에 타원형 감자 모양의 승용차 크기의 바위가 가운데 쩍 갈라진 채로 등산객을 맞는다. 김유신 장군이 보검을 얻어 단칼에 베었다는 단석이다. 정상을 알리는 단석산 표지석보다 훌륭한 최고의 포토존으로 인기다. 어떤 이는 맨손으로 바위를 내려쳐 가르는 흉내를 내면서 사진을 찍는 연출로 웃음을 자아내기도 한다.

■ 신선사 마애불상군

단석산 7부 능선에 국보 제199호로 지정된 신선사 마애불상군 문화재가 있다. 마애불상군은 4개의 바위가 'ㄷ' 형태로 높게 바위벽을 형성하면서 지붕 없는 석굴을 이루고 있다. 옛날에는 상인암으로 불리었던 바위다. 신라시대 화랑들이 바위굴 속에 불상을 새기고, 지붕을 덮어 석굴사원을 만들었던 것으로 전한다.

북서쪽 선각

동쪽 마애불

북쪽 마애불

남쪽 마애불

동쪽 암벽에 보살상이 새겨져 있고, 남쪽과 북쪽 암벽에도 높이 10m 크기의 대형 불상이 새겨져 있다. 서쪽으로 입구가 틔어 있어 지금도 출입구가 되고 있다. 북쪽의 또 다른 바위에는 규모가 작은 4구의 불상이 새겨져 있고 그 아래로 신라인들의 복식을 한 두 사람이 찻잔과 나뭇가지를 들고 걸어가는 이색적인 모습이 새겨져 있다. 석굴의 삼면에 새겨진 10구의 조각상 가운데 가장 먼저 새겨진 것으로 짐작된다.

단석산 표지석

정상 부직포길

 삼면에 새겨진 대형 불상들은 얼굴이 못생기고 옷자락이 발목까지 내려온 모습 등의 조각수법으로 보아 고려시대에 새겨진 것으로 추정하는 학자들이 많다. 동쪽 바위면과 남쪽 바위의 조각상 사이 남쪽암벽에 세로로 19자씩 한문으로 써내려간 20행의 글자가 발견됐는데 이중 200자가 판독됐다. 신선사라는 절 이름과 석굴 조성에 참여한 보살계 제자 잠주(岑珠)라는 글자가 밝혀졌다. 학자들의 연구가 깊이 진행되면 석굴 조성경위를 포함해 역사 속에 묻힌 많은 사실들이 밝혀질 것으로 기대된다.
 사계절 단풍과 신록, 물소리 등등의 다양한 풍경과 역사를 웅변하는 단석과 마애불상군의 바위와 전설이 묻어나 힐링을 돕는 단석산 산행을 추천한다.

 토함산지구

　토함산은 경주의 동쪽을 에워싸고 있는 해발 746m 고지의 높은 산이다. 단석산에 이어 경주에서 두 번째로 키가 큰 산에 이름을 올려두고 있다. 토함산은 신라인의 얼이 깃들어 있는 민족의 영산으로 정기가 가득한 산이라 알려지고 있다. 이 때문에 매년 해맞이 하려는 인파가 집중적으로 몰려든다.

　토함산은 동해와 접하고 있으면서 신라왕궁이 있던 서라벌과 바로 연결된 신라의 동쪽 경계가 되기도 한다. 신라시대에는 동악이라 불리기도 했다. 국립공원으로 지정된 넓은 토함산지구에는 유네스코 세계문화유산으로 등록된 불국사와 석굴암을 비롯해 기림사, 골굴사와 같은 이름 있는 명찰과 다양한 문화재가 산재해 있다. 또 전설과 많은 역사적 사실들이 곳곳에 흔적으로 남아 있으며, 무장봉, 추령, 황룡마을 등의 선경이라 할 풍경이 이곳저곳에 자리하고 있어 방문객들이 줄을 잇고 있다. 특히 경주시가 조성한 토함산자연휴양림은 대규모 세미나실까지 갖추고 있는 사계절 관광휴양시설로 인기를 끌고 있다.

　이미 불국사와 석굴암, 추령, 무장산 등의 힐링명소는 소개했으므로 토함산 오르는 등산길과 휴양림 위주로 소개한다.

토함산 정기

　토함산은 정상에 올라보면 동서남북이 훤하게 트인 히말라야 최고봉과 같은 느낌이 드는 명산이다. 많이 높지 않지만 동쪽으로는 동해를 바라고, 나머지 세 방향도 막아서는 산이 멀어 사방 전망이 시원하다. 경주시가지로 이어지는 서남북 세 방향으로 산들이 멀리 있어 물줄기의 흐름과 계곡, 들판, 시가지에 형성된 건축물들까지 지도를 그릴 수 있을 만큼 자세하게 살펴볼 수 있다.

　토함산 정상에서 불국사까지는 3.6km, 석굴암주차장까지는 가장 가까운 등산로로 1.4km거리라고 표지판이 안내하고 있다. 남산방향의 탑골까지는 2.8km, 시부거리는 4.2km, 남쪽으로 내려가는 보불로삼거리까지는 7km의 거리로 등산로로는 가장 긴 코스가 된다.

　토함산으로 오르는 등산로는 대부분 완만한 경사로다. 특히 불국사나 토함산주차장에서는 운동선수들이 트레이닝코스로 잡아 매일 아침시간에 뛰어 올라 일출을 보며 챔프의 꿈을 키우기도 한다. 토함산이 민족의 영산으로 정기가 가득하다는 말은 문인들 사이에도 정평이 나있다.

　이런 이야기를 뒷받침이라도 하듯 토함산 정상 800m를 두고 성화 채화지가 있다. 신령스런 불을 받아 경북도민체전과 경주시민체전 등의 행사를 밝힐 성화의 불씨를 토함산에서 받는 것이다. 성화 채화지에 이르면 큼직하면서 둥글둥글한 돌들이 먼저 눈에 들어온다. 채화를 하기 전에 산신령에 고하는 돌로 다듬어진 제단이 있고, 절구 모양의 날렵하게 생긴 채화석 화로가 우뚝 솟아 있다.

　세계문화유산 석굴암으로 들어가는 입구에서 토함산으로 오르는 길은 행복하다. 1.4km 짧은 등산로에 공기 맑고, 동쪽으로 보면 푸른 바다, 서쪽으로 고개

토함산 정상과 석굴암 입구

토함산 표지석 뒤편

를 돌리면 서라벌이 무장무장 펼쳐진다. 등산로는 산책로처럼 편안하다. 언제 올라도 좋다. 천천히 걸어도 30분이면 도착하고, 왕복시간을 넉넉하게 잡아도 1시간이면 충분해 시간적 부담도 없다.

봄철이면 진달래와 철쭉이 군락을 이뤄 꽃대궐이 된다. 여름에는 푸른 이파리가 하늘과 바다를 이뤄 세상을 하나로 만든다. 가을에는 총 천연색 단풍으로 별천지가 된다. 동해바다는 맑은 날이면 눈이 시리도록 푸르게 잔디밭으로 펼쳐져 일본 현해탄까지 보일 듯하다. 중간중간 만나지는 기암괴석과 괴이하게 생긴 뿌리가 자연의 신비로움을 선보이며 정신까지 정화시켜 힐링이 저절로 된다. 등산에 자신이 없는 여성이든 어린아이든 손을 잡고 누구나 올라 호연지기를 마음껏 즐길 수 있는 국민 등산로이다.

토함산 정상

석굴암 주차까지 승용차를 타고 올라와 석굴암을 둘러보고 조금의 여유시간을 마련해 토함산 정상까지 올라보기를 강추한다. 정상까지 오르는 길 곳곳에 포토존이 마련돼 있다. 또 정상 가까이 오르면 부직포로 깔끔하게 정비된 산책로는 고급 정원처럼 느껴질 정도로 포근하다. 토함산 정상은 동서로 길게 평평한 길이 있고 억새가 우거져 동서남북 어느 방향이든 곳곳이 천연 포토존이 된다. 어디든 어느 방향이든 그냥 선 자리에서 셔터만 누르면 명품 작품이 된다.

일출도 좋고, 일몰도 좋다. 어둑어둑해지는 시간도 괜찮다. 사방에 켜지는 불빛이 별이 된다. 하늘에도 별, 바다에도 별, 지상에도 별, 별천지에 우뚝 서보는 것도 신비한 체험이 될 듯하다. 제한적이긴 하지만 국립공원사무소에서 일출을 바라보기 좋은 곳으로 부직포를 깔아 길 안내도 친절하다.

토함산을 오르다보면 수시로 은은한 종소리가 들린다. 스님 공양하는 시간일까? 의문스러워진다. 매시간 울리는 산사의 종소리로 착각을 하기도 한다. 석굴암주차장부지에 건립된 '석굴암 통일대종'의 울림이다. 석굴암 입구에 근사하게 종각이 있고, 성덕대왕신종 크기의 우람한 쇠종이 통일을 염원하는 이들의 목소리를 대신 전하려 울음을 준비하고 있다. 누구나 희망의 종소리를 울릴 수 있다. 타종체험을 하게 한다. 한 사람이 한 번씩 타종할 수 있고, 한 번에 천 원 이상 성금을 내면된다. 불국사자원봉사단이 주관해 불우이웃돕기 성금을 모금하는 방법이다.

토함산 주차장 주변에는 식당들이 제법 규모 있게 자리를 잡고 다양한 메뉴를 준비하고 있다. 주차장 주변에는 인근 지역주민들이 제철에 맞는 채소와 산나물, 더덕, 과일 등을 판매하기도 한다. 매일시장이 열리는 소규모 재래식 장터가 된다. 일요일이든 공휴일이든 걱정없이 365일 영업하는 식당이 있으니 도시락 준비 없이도 두 발로 토함산에 오르기만 하면 된다.

토함산 정상의 길

일출명소 토함산으로 몰려드는 발길이 이해가 된다. 석굴암에 들러 기도하고, 토함산의 정기를 받아 간절한 마음으로 대종을 올려본다면 원하는 것들이 그대로 이루어질 것 같다. 새해 일출은 토함산으로 가자.

정상의 표지

쉬는 나무

국립공원 탐방

■ 사계절 힐링명소 토함산자연휴양림

경주 토함산자연휴양림은 유네스코 문화유산인 불국사와 석굴암을 품고 있는 토함산자락에 포옥 안겨있다. 경주시가 찾아오기 편하게 길을 내고, 숲속에 숙소와 체육시설, 산책로 등의 편의시설을 설치해 자연휴양림이 사계절 힐링과 심신치유의 명소로 인기를 끌고 있다.

경주시가 운영하는 토함산자연휴양림은 토함산 동쪽기슭 121㏊의 산림에 23개동의 숙박시설과 40개의 야영데크, 수영장과 족구장, 풋살, 농구장 등의 체육시설까지 갖추고 있다. 대형 세미나실을 최근 추가로 시설하고, 원룸식 숙소를 넓혔다. 또 다양한 코스의 산책로를 조성하고 야생화단지를 꾸며 사계절 힐링명소로 거듭나고 있다. 울창한 숲속을 따라 조성된 산책로와 숲체험장, 숲 놀이터, 숲 해설프로그램 등 힐링의 동반자인 숲을 활용한 다양한 체험활동이 가능해 가족단위 이용객에게 더욱 호응을 얻고 있다.

또 다양한 침엽수와 활엽수가 자생하고 있고, 다람쥐와 딱따구리 등 각종 야생동물도 볼 수 있어 생태계를 활용한 자연체험 학습장과 휴양지로도 각광받고 있다.

휴양림은 연중무휴로 운영되는 데다 23개실의 숙박시설 숲속의 집과 40개의 야영데크, 숲 체험장 등 다양한 힐링 공간이 마련돼 있어 캠핑족이나 가족 단

성화 채화로

위 이용객에게 큰 인기를 끌고 있다. 올해부터 운영되고 있는 200명이 한꺼번에 회의를 진행할 수 있는 세미나실이 조성돼 숲 속에서 세미나와 토론회 등의 집단적인 회의장소로도 각광받을 전망이다.

숲을 따라 조성된 2.42km~4.63km 거리별로 조성한 4개의 산책코스를 선택해 걸어보는 것도 재미가 있다. 힘든 구간이 거의 없어 어린이가 걸어도 무리가 없다는 것이 장점이다. 산책로마다 데크시설과 꽃무릇, 원추리, 맥문동 등의 야생화단지와 지압로, 조류사, 표고버섯 체험장 등이 설치돼 체험학습장으로도 좋다.

해마다 새해 아침에는 경주시가 불국사에서 해맞이 명소인 토함산 주차장까지 운행하는 셔틀버스를 타고 가면 장엄한 일출도 감상할 수 있다.

휴양림의 전체 수용인원은 숙박시설을 포함해 하루 500여 명 정도로 지난해에는 3만1810명이 입장해 3억여 원의 수익을 올렸다. 세미나실을 포함 시설이 지속적으로 보강되고 있어 휴양림을 찾는 방문객은 갈수록 늘어날 것으로 보인다. 휴양림 동쪽으로는 감포 고아라해수욕장과 양남 주상절리, 양북 문무대왕릉이 있고, 서쪽으로는 불국사와 석굴암, 보문단지가 위치해 있어 역사문화체험과 휴양을 동시에 즐길 수 있는 숙박휴양시설로 주목을 받고 있다.

토함산 정상에서 북쪽으로 바라보는 전경

■ 왕의 길과 추령재

 토함산의 발뿌리는 경주보문단지로 이어진다. 보문단지에서 덕동댐을 지나 추령 고갯마루에 올라서면 동해가 바로 눈앞에 펼쳐진다. 토함산이 동해와 서라벌을 잇는 다리가 되는 것이다.

석굴암 가는길

 추령에 얽힌 이야기는 신라시대로부터 현대까지 이루 말로 다 설명할 수 없을 정도로 다양하고도 많다. 문무왕과 신문왕이 추령을 넘어 동해로 이어지는 길을 오가며 백성들의 안위를 걱정한 이야기는 대표적이다.
 문무왕이 왜구의 침략으로부터 백성들을 지키기 위해 넘었을 길, 신문왕이 문무왕의 뜻을 따라 감은사를 짓기 위해 넘었던 길, 신문왕이 옥대와 만파식적을 얻어 왕궁으로 돌아오던 길이 왕의 길로 남았다.
 감은사에서 기림사를 지나 용연폭포, 불령봉표, 수렛재, 추원사, 모차골, 추령으로 이어지는 왕의 길이 등산로로 정비되어 있다. 이 왕의 길은 상세하게 다음호에서 걸어보기로 한다.

토함산 추령에서 황룡골의 황룡동에 있는 황룡사지에 얽힌 이야기를 풀어보는 재미도 쏠쏠하다. 토함산 정상으로 이어지는 계곡과 능선마다 서려있는 역사기행코스를 분류해도 여러 갈래가 된다. 보문단지에서 추령재를 넘는 추령터널을 통해 동해로 이어지는 길은 주요 국가도로였지만 구불구불 지렁이처럼 휘어지는 곡선도로로 사고위험이 높았다. 지금은 불국사 앞으로 토함산터널을 뚫어 4차선 국도가 개설되면서 관광객들과 지역주민들의 교통이 편하게 됐다. 덕분에 추령재를 넘는 길은 매연을 뿜으며 달리던 차량을 구경하기도 힘들게 한산한 도로로 전락해 단풍구경하기 좋은 낭만의 길, 명품 드라이브코스가 되었다.

국립공원 탐방

토함산지구 왕의 길

    경주 국립공원 토함산지구는 범위가 넓다. 역사문화자원 또한 풍부하다. 불국사, 석굴암, 기림사와 골굴사, 용연폭포와 왕의 길, 황룡동의 또 다른 황룡사지, 장항리의 5층석탑, 무장봉 등등의 세계적인 문화유산들이 광범위하게 널려 있다. 국립공원 토함산지구는 역사문화기행에서 빠뜨릴 수 없는 충분한 이유가 있는 코스다.
    추령 고갯마루에서 동북쪽으로 깊게 패인 계곡으로 들어가 모차골, 추원사, 수렛재, 불령봉표, 용연폭포, 기림사로 이어지는 약 6㎞ 산길이 신문왕이 걸었던 왕의 길로 소개되고 있다. 경주시가지의 문무왕탑지에서 추령재를 넘어 동해 문무왕릉까지 이어지는 왕의 길을 축소한 토함산판 왕의 길이다.
    이 왕의 길은 문무왕과 신문왕이 넘었던 길이다. 마차가 다녔다는 모차골, 수레가 넘은 수렛재 등의 천년역사 흔적이 묻어나는 지명이 고스란히 전해지고 있다. 왕이 손을 씻었다는 세수방, 옥대조각을 떼어 물에 놓으니 용이 되어 승천해 큰 소와 폭포가 되어버린 용연폭포 등의 전설을 간직한 자리도 있다.

조선시대 왕의 명령을 기록한 '불령봉표' 내용의 한자가 선명하게 새겨진 바위돌이 언덕에 누워있어 신라시대에서 조선시대까지 선인들의 흔적을 더듬어 볼 수 있는 길이다.

오늘 비록 샐러리맨으로 살고 있지만 가벼운 차림으로 왕이 넘었던 길을 걸으며 왕이 되어보는 것도 괜찮지 싶다. 계절 따라 각양각색으로 변신하면서 걷는 이들마다 색다른 감흥을 느끼게 하는 토함산 왕의 길은 최고의 힐링 등산길이다.

왕의 길

다양한 학습체험 길

국립공원 탐방

■ 왕의 길

왕이 되고 싶다면 경주로 가라. 경주 곳곳에는 왕이 걸었던 길이 널려 있다. 왕이 걸었던 길을 걸으며, 왕이 생각했던 바를 내가 생각하면서 왕이 되어보는 것이다. 왕이 되기 위해 걸었던, 왕이고자 했던 사람의 길, 왕이 되어 진정한 왕도를 생각하며 걸었던 신라의 길이 경주 도처에 깔려 있다.

백성들의 안위를 생각하며 문무왕과 신문왕이 걸었던 토함산 추령재를 넘어가는 왕의 길은 마음을 울컥하게 하는 뜻이 깊은 길이다. 문무왕은 염원했던 삼국통일을 이루고, 줄기차게 백성들을 괴롭혀 왔던 왜구를 물리쳐 백성들의 평안을 도모하기 위해 추령재를 넘나들면서 동해안을 지키는 병참기지를 만들기로 했다. 이를 이루지 못하고 영면에 들면서 동해에 묻혀 왜구들의 침략을 봉쇄하기로 하고 용이 되었다.

경주시와 경주국립공원사무소가 안내하는 왕의 길 표지판은 경주 시가지의 반월성과 안압지에서부터 능지탑을 지나 추령재, 모차골, 세수방, 용연폭포, 기림사, 감은사지와 이견대, 문무왕릉까지를 간단한 지명표지로 지도를 그려두었다.

또 지도와 함께 '왕의 길은 신라의 시작부터 조선후기에 이르기까지 감포와 경주, 장기와 경주를 이어주던 길이다. 이 길은 사람과 문화를 이어주던 곳이지만, 왜구가 침략하던 주된 통로이기도 했다. 그래서 이 길에는 많은 이야기들이 전한다. 특히 이 길은 용성국의 왕자인 석탈해가 신라로 잠입하던 길이며, 삼국통일을 이룬 문무왕의 장례행차길이며, 용이 되신 부왕인 문무왕에게 신라의 보배인 옥대와 만파식적을 얻기 위해 신문왕이 행차했던 길이기도 하다. 이 길에 공통적으로 등장하는 것은 왕과 용, 그리고 광명과 피리이다. 이처럼 용이 왕이 되고, 왕이 용이 되어 광명으로 나라를 밝히던 길, 신라 시작을 누천년에 이어가기 위해 미래의 비전을 모색하던 길이 바로 이곳이다'는 신상구의 글을 표지판에 적어 두었다.

추령재에서 가파른 고갯길을 버리고 마차가 다니기 편한 등고선을 따라 계곡으로 접어들면 민가가 듬성듬성 마을을 형성하고 있다. '왕의 길' 안내 표지판을 따라 마을안길로 들어가면 추원사가 보이고 제법 깊숙한 계곡까지 마을이 형성돼 있는데 큼직한 입간판을 세운 식당과 펜션들이 손님을 기다리고 있다.

마을이 끝나는 지점에 '왕의 길' 시작을 알리는 입간판이 서 있다. 모차골에서 시작해 추원사, 수렛재, 세수방, 숯가마터, 불령봉표, 용연폭포를 지나 기림사에 이르기 직전 계곡에서 '왕의 길' 끝을 알리는 안내판이 있다. 기림사 주차장

보수길

에서 추령재 입구 주차장까지는 대략 6㎞ 거리다. 왕복하려면 12㎞ 거리로 편한 걸음으로 4시간은 잡아야 된다. 기림사 내부의 보물과 이야깃거리를 찾는 시간은 따로 계산해야 된다.

■ 지명이 들려주는 옛날이야기

　과거의 흔적은 우리가 듣고 말하는 지명에서도 고스란히 드러난다. 왕의 길을 오가면서 보이는 지명과 유적은 조상들의 생각과 생활의 단면을 엿볼 수 있는 흔적으로 소중한 문화자산임에 틀림없다.

◆ 모차골 : 마차가 다니던 곳이라 하여 '마차골'로 불리다가 모차골로 변한 것으로 추정된다. 경주에서 동해로 이르는 빠른 길은 추령재를 바로 넘는 일이다. 워낙 재가 높고 가파르기 때문에 마차와 수레는 등고선을 따라 마차골로 우회하는 길을 택했던 것 같다.

◆ 수렛재 : 수레가 넘어다녔던 고개라는 의미로 이름이 붙은 고개다. 좁은 등산길 좌우로 능선과 계곡이 아찔하게 이어지는 곳이 많다.

◆ 말구부리 : 추령재 높은 고개를 피해 비교적 평평한 지역으로 돌아 길을 냈지만 비탈길에 수레를 끌던 말들이 구부러졌던 곳이라 하여 붙여진 지명.

국립공원 탐방

괴목

◆ 세수방 : 신문왕 일행이 긴 여정에 쉬면서 손을 씻었던 개울에 붙여진 이름. 겨울에는 낙엽이 계곡을 덮어 물은 보이지 않지만 물소리가 음악처럼 흐르기도 한다.

◆ 숯가마 : 신라시대에서부터 조선시대를 거쳐 최근까지 숯을 만들었던 곳으로 짐작되는 흔적이 남아 있다.

◆ 용연폭포 : 신문왕이 받은 옥대의 용 장식 하나를 떼어 물에 담그자 진짜 용이 되어 승천하고 깊은 연못과 폭포가 생겨나 이름이 붙은 폭포.

모차골로 들어서면 마음이 편안해진다. 머리 위로 훌쩍 키 높은 나무들이 양팔을 벌려 하늘을 받치고 있다. 겨울바람이 지나는 소리가 들린다. 멀리서부터 매미 백만 마리가 동시에 울음우는 소리가 우우웅거리며 바람이 머리 위를 붕붕 날아가는 기분을 느낄 수 있다. 계곡에는 낙엽들이 무릎까지 쌓인 곳이 허다하다. 갈색비단을 깔아둔 듯한 낙엽더미가 마음을 푸근하게 한다. 낙엽 아래 불규칙하게 깔린 돌들의 함정을 조심해서 걸어야 된다. 이색적인 풍경을 즐길 수 있는 아름다운 등산길로 강추한다.

■ 옥대에서 용이 날다

　용연폭포는 기림사에서 1㎞ 남짓 되는 거리로 사계절 산책하기에 딱 좋은 코스다. 기림사를 두루 둘러보고 명부전 앞 오래된 감나무가 있는 길을 따라 돌아가면 산책로가 이어진다. 길섶에는 기림사에서 재배하는 차나무들이 겨울인데도 파릇함을 유지하고 있다. 잎 하나 뚝 따서 입에 넣고 싶을 만큼 싱싱하다.

　제법 계곡이 깊어지면서 여름에도 서늘한 기운이 엄습해 오는 길. 활엽수들이 소나무를 에워싸고 늘어서서 가을이면 단풍이 익어 아름다운 길. 굵은 바위들이 낯익은 풍경을 만들고 낙엽에 묻힌 계곡을 따라 역사 속으로 걸어 들어가는 듯한 착각이 들게 하는 왕이 걸었던 역사의 길이다.

　용연폭포 일대에는 둑중개라는 멸종위기 2급의 민물고기가 서식하고 있다. 경주국립공원사무소는 용연폭포 일대를 국립공원 특별보호구역으로 지정하고 중요한 자연자원 보호를 당부하고 있다.

　둑중개는 냉수성 어류로 물이 맑고 여름에도 수온이 20도 이상으로 올라가지 않는 하천의 상류에 주로 서식한다. 돌 밑에 잘 숨으며 수서곤충을 먹고 산

국립공원 탐방

기림사 산문

용연폭포

다. 3월에서 4월에 돌 밑에 알을 낳아 수컷이 이를 보호한다. 한국의 고유어종이면서 기후 변화에 민감한 종으로 산림벌채와 수질오염 때문에 개체수가 급격히 줄어들고 있어 보호어종으로 지정됐다.

  용연폭포는 4~5년 전까지만 해도 호수가 깊고 유역면적이 꽤 넓어 여름에는 물이 떨어지는 소리와 산개하는 물안개로 찾는 사람들의 가슴을 시원하게 했다. 지금은 태풍 등으로 퇴적물이 쌓여 폭포의 수역이 급격하게 좁혀들어 그 위엄을 찾아보기 어렵다. 그러나 주변을 에워싸고 있는 암벽과 풍광이 선경으로 느낄 수 있도록 아름답기는 여전하다.

  신문왕이 아버지 문무왕과 김유신 장군으로부터 만파식적과 옥대를 받아 환궁하는 길에 기림사를 지나 계곡에서 쉬게 되었다. 이 때 세자가 옥대의 용 문양 조각은 그냥 단순한 장식이 아니라 살아 있는 용이라고 말했다. 신문왕이 두 번째 용문양 장식을 떼어 물에 놓자 용이 되어 승천하면서 폭포가 생겨났다는 전설이 용연폭포와 함께 전해지고 있다. 용의 승천하는 몸부림 같은 물줄기는 가늘고 약해졌다. 폭포도 갈수록 위엄을 잃어가고 있다. 친절하게 데크를 설치해 폭포를 가까이에서 볼 수 있게 했지만 신비감은 오히려 줄었다는 지적도 있다.

■ 불령봉표

　불령봉표(佛嶺封標). 용연폭포에서는 1㎞, 모차골에서는 3㎞ 지점에 있는 글이 새겨진 아름드리 바위다. 표석의 주소는 경주시 양북면 호암리 불령고개이다. 가로 1.2m, 세로 1.5m의 화강석이다. 바위 표면에 '연경묘 향탄산인 계하 불령봉표(延慶墓 香炭山因 啓下 佛嶺封標)'라는 글귀가 새겨져 있다. 조선시대 순조 31년 1831년 10월에 세운 것이다. 조선 23대 임금 순조의 아들 효명세자를 모신 연경(효명세자의 묘호)묘의 봉제사와 그에 따른 경비를 조달하기 위해 숯을 만드는 산이니 일반인이 나무를 베는 일을 금지한다는 뜻이 담겨 있다.

불령봉표 안내

　불령고개 일대는 조선시대 고급 숯인 백탄(白炭)의 생산지로 전해지고 있다. 백탄을 만들기 위해선 나무가 많이 필요했으므로 벌채를 막기 위하여 봉표를 설치한 것으로 추정된다. 지금도 불령표석 주변에 숯가마터 흔적이 남아 있다. 불령봉표는 신라시대에 이어 조선시대 역사의 산물로 보존대책이 필요하다. 깊은 산 속이라 분실될까 걱정스럽다. 장정이라면 지게에 얹어 누구나 너끈하게 들고 갈 수 있을 정도의 크기다.

문화재, 기념물, 지방유형문화재 등으로 지정해 유실되거나 훼손되는 것을 막을 수 있는 조치가 필요하다. 조선시대 문화와 생각들이 고스란히 담긴 표석이 이렇게 방치되고 있다는 것이 안타깝다.

주말이든 휴가를 내어서든 왕의 길을 걷는다면 답답하게 막혔던 가슴도 시원하게 뚫리게 하는 힐링로드로 엄지 척이다.

강시일 기자와 떠나는...

경주 힐링로드 2권

2018년 3월 10일 발행

발행처 대구일보
글.사진 강시일

펴낸곳 도서출판 책나무
경주시 현곡면 금장1길 38, 101호
전화 (054)741-4595
팩스 (054)742-4595
E-mail. jucom44@naver.com
등 록 일 2005년 12월 19일
등록번호 2005-000003호

국립중앙도서관 출판예정도서목록(CIP)

(강시일 기자와 떠나는) 경주 힐링로드. 2권 / 저자: 강시일
. --[경주] : 책나무, 2018
  P. ;   cm

ISBN 979-11-85821-13-9 04910 : ₩15000
ISBN 979-11-85821-12-2 (세트) 04910

역사문화[歷史文化]
경주(경상북도) [慶州]

911 .85-KDC6
915 .9-DDC23   CIP2018006804

※ 저작권은 작가에게 있음.